构建实施
全员新型经营责任制

南方电网深圳供电局的探索与实践

汤寿泉　　主编

中国发展出版社
CHINA DEVELOPMENT PRESS

图书在版编目（CIP）数据

构建实施全员新型经营责任制：南方电网深圳供电局的探索与实践 / 汤寿泉主编 . —北京：中国发展出版社，2024.6. —ISBN 978-7-5177-1419-4

Ⅰ. F426.61

中国国家版本馆 CIP 数据核字第 2024TF5075 号

书　　　名：构建实施全员新型经营责任制：南方电网深圳供电局的探索与实践

主　　　编：汤寿泉

责 任 编 辑：沈海霞

出 版 发 行：中国发展出版社

联 系 地 址：北京经济技术开发区荣华中路 22 号亦城财富中心 1 号楼 8 层（100176）

标 准 书 号：ISBN 978-7-5177-1419-4

经 销 者：各地新华书店

印 刷 者：北京盛通印刷股份有限公司

开　　　本：787mm×1092mm　1/16

印　　　张：13

字　　　数：216 千字

版　　　次：2024 年 6 月第 1 版

印　　　次：2024 年 6 月第 1 次印刷

定　　　价：79.00 元

联 系 电 话：（010）68360970　67892670

购 书 热 线：（010）68990682　68990686

网 络 订 购：http://zgfzcbs.tmall.com

网 购 电 话：（010）88333349　68990639

本 社 网 址：http://www.develpress.com

电 子 邮 件：841954296@qq.com

编 委 会

主　　编　汤寿泉

副 主 编　李敏虹

执 行 主 编　刘文涛

执行副主编　魏前虎　姜　霞　邱方驰

编　　委　张业勤　张　琳　陈　伟　杨　申

　　　　　黄云贵　吴海涛　何劲峰　罗　毅

　　　　　池　君　江　榆

编 写 组

梁呈茂　何芹帆　余　航　白雪峰　陈　涛　史彦青

乐　洋　林　超　覃　爽　黄强华　姜映烨　陈　潇

吴　迪　陈潇毅　陈　叠　黄静仪　王　蕊　刘承佳

郑晓娟　林思远　廖耀隆　张传振　林嘉曦　刘振宗

张　茜　陈　怡　徐　琛　陈　曼　乔惠阳　朱晨溪

陈　寰　王东旭　陈子涵　叶枫舒　袁　野　宋正坤

戴　晶　陈艺超　侯　捷　王　婧

前　言

党的十八大以来，以习近平同志为核心的党中央高度重视国有企业改革与发展工作，要求国有企业"以提高核心竞争力和增强核心功能为重点"，"要完善中国特色国有企业现代公司治理，真正按市场化机制运营，加快建设世界一流企业"①。作为南方电网公司唯一兼具省级电网公司和城市供电企业双重定位的全资子公司，深圳供电局一直积极贯彻落实党中央决策部署，把握改革机遇，大力开展国有企业改革、输配电价改革、混合所有制改革等工作，推动公司高质量发展取得显著成效。

目前，新一轮国企改革深化提升行动正如火如荼地开展。对照世界一流企业，深圳供电局在市场化经营机制上、在管理模式上、在自主创新能力上还存在明显差距和不足，亟须通过深化改革破除制约高质量发展的体制机制障碍，健全市场化经营机制，进一步提高核心竞争力。构建全员新型经营责任制就是其中最为关键的一招。

深圳供电局全员新型经营责任制改革经历了三个阶段。2020 年，深圳供电局积极落实国务院国有企业改革领导小组办公室印发的《"双百企业"推行经理层成员任期制和契约化管理操作指引》，聚焦经理层成员这一"关键少数"，在南方电网公司范围内率先推行任期制和契约化管理，充分授权力、给压力、添动力，有效激发了经理层成员的积极性、主动性、创造性。2021 年，深圳供电局聚焦经理层责任向下传递不到位、各层级履职行权保障不充分、价值贡献导向不够突出、考核结果应用规则不够明确等问题，进一步将责任制改

---

① 习近平：《当前经济工作的几个重大问题》，《求是》2023 年第 4 期。

革从经理层扩展至全体员工，实施全员契约化管理，实现人人签契约、人人扛指标、人人背任务，推动人人有压力、人人有动力。2022 年，立足全员契约化管理实践成效及基层组织的责任体系还不健全等问题，深圳供电局将责任制改革方法从个体延伸到组织，借鉴划小责任单元、加强授权与激励等改革措施和关键做法，将直接承担生产经营任务的一线团队（基层供电局）作为责任主体，实施"以内部模拟承包落实经营主体责任，并以超额利润分享机制调动经营团队积极性、主动性、创造性"的基层组织生产经营责任制改革。经过多年探索实践，深圳供电局在完善市场化经营机制、三项制度改革、广大干部员工的活力动力激发等方面取得了丰硕成果。

为固化全员新型经营责任制改革实践经验，挖掘实践案例的长效应用与推广价值，方便电网企业员工及其他商业二类企业员工全面深入了解全员新型经营责任制的政策渊源、理论基础与实践路径，深圳供电局组织编写了《构建实施全员新型经营责任制：南方电网深圳供电局的探索与实践》。

"犯其至难而图其至远"。未来，深圳供电局将继续深入贯彻落实党中央、国资委对新一轮国企改革有关工作的部署要求，持续以全员新型经营责任制作为推动改革走深走实、健全市场化经营机制的主线抓手，更大力度授权基层破除体制机制障碍，更大力度激励员工创新创效，继续走前列、当尖兵、作示范，努力为商业二类企业改革提供更多"南网经验"和"深供样板"。

编　者

2024 年 5 月

目 录

上篇 理论篇

下篇　实践篇

上 篇

理 论 篇

理论篇侧重一般性的理论阐述，系统回答"新型经营责任制从何而来""什么是新型经营责任制""怎样构建新型经营责任制"三大关键性问题。从理论基础、政策溯源、内涵探析三个方面对新型经营责任制的特征内涵进行阐述，探寻优秀国有企业的先进改革经验，并基于国有企业的功能界定与分类，指出商业二类国有企业深化改革的重点难点工作。

第一章

新型经营责任制研究概述

第一节 政策溯源

回溯历史，经营责任制作为一个经济名词曾在中国改革开放史上占有重要地位。从承包经营责任制到租赁经营责任制再到新型经营责任制，经营责任制以不同的面孔出现，对一定时期我国的经济尤其是公有制经济产生了重大影响。

一、承包经营责任制

改革开放之前的 30 年里，我国的国营企业体系主要是社会主义计划经济体制下的特有产物，人、财、物和产、供、销均由政府直接管理，实行的是单一的全民所有制和高度集中的计划经济体制。这种经济体制在其实践过程中，存在无法高效配置资源和劳动者积极性不高的问题，进而导致企业活力和生产效率偏低。

1978 年 12 月，党的十一届三中全会作出实行改革开放的重大战略决策，国有企业改革开始实行扩大企业自主权、利润分成、放权让利等经济责任制的措施。

1984 年 10 月，党的十二届三中全会通过《中共中央关于经济体制改革的决定》，明确企业的所有权和经营权可以分离，这随即成为国营企业改革的主要理论。

1986 年 12 月，国务院颁布《关于深化企业改革，增强企业活力的若干规定》，提出要推行多种形式的经营承包责任制，给经营者以充分的经营自主权。

1987 年 3 月，第六届全国人民代表大会第五次会议召开，会议通过的政府工作报告提出：要把改革重点放到完善企业经营机制上，根据所有权与经营权分开的原则，实行多种形式的承包责任制，使企业真正成为相对独立、自主经营、自负盈亏的经济实体。

1988 年 2 月，国务院发布《全民所有制工业企业承包经营责任制暂行条例》，用国务院法规的形式确定了企业承包经营责任制。承包经营责任制，是在坚持企业的社会主义全民所有制的基础上，按照所有权与经营权分离的原则，以承包经营合同形式，确定国家与企业的责权利关系，使企业做到自主经营、自负盈亏的经营管理制度。

承包经营责任制实行"包死基数、确保上缴、超收多留、欠收自补"的原则，其基本内容是"双保一挂"。双保，指企业保证完成承包基数，确保税利上缴；保证以自留资金完成国家确定的技术改造任务。一挂，指工资总额与企业经济效益挂钩。根据产业性质、企业规模和技术特点，其具体做法在不同企业不尽相同，主要有上缴利润递增包干，上缴基数利润包干、超收分成，微利企业上缴利润包干，亏损（或补贴）企业减亏包干等形式。超过基数的收入有的留给企业，有的按比例分成。

承包经营责任制实际上是一种目标管理责任制，是将国家对国有企业发展的目标要求加以分解，以与企业经营者签订承包经营合同的方式落实企业的经营自主权。经营者按照承包合同自主经营，承包完成国家的目标和任务（即承包指标），国家对完成承包指标的经营者兑现约定的奖励和报酬。随着承包经营责任制的不断完善，企业承包指标不断丰富，由最初的上缴利润指标、技术改造指标，发展到后来的经济效益指标、发展后劲指标、企业管理指标等综合指标体系。

相比于以前简单的"放权让利"式改革，承包经营责任制在国有企业改革中涉及更为深层次的制度问题，特别是在政企分开和企业自主权的法律认可方面，能够较好地确定企业所有者和经营者之间的权责利关系，落实企业的经营权，具有较强的激励和约束机制，在一定程度上调动了企业经营者的积极性，增强了国有企业的活力，推动了国有经济的发展。但在实践中仍存在一些有待解决的问题，例如承包基数存在不规范等问题，这导致企业间出现"苦乐不均"的现象；确定承包基数形成国家与企业一对一讨价还价，导致财政纪律和规定软化；企业行为短期化；工资总额如何与企业经济效益挂钩等。1992年 10 月党的十四大报告指出，当前实行的经营承包制应当进一步完善。随着1993 年国家财政和税收体制改革，国有企业按 3% 的税率上缴所得税而不再上缴税后利润，承包制也就完成了历史使命。

二、租赁经营责任制

1984 年我国开始实行租赁经营责任制。1988 年国务院发布的《全民所有制小型工业企业租赁经营暂行条例》规定，租赁经营责任制是指在不改变企业的全民所有制性质的条件下，实行所有权与经营权分离，国家授权单位为出租方，将企业有期限地交给承租方经营，承租方向出租方交付租金并依照合同规定对企业实行自主经营的方式。这种方式一般用于全民所有制小型工业企业。

租赁经营责任制，不同于传统租赁。租赁在不同的历史时期都存在过，但内容有所不同。在奴隶社会，奴隶主可以把属于自己所有的奴隶租给别人使用；在封建社会，地主可以把属于自己所有的土地租给农民耕种；在资本主义社会，资本家可以将私人占有的生产资料出租；等等。我国现阶段的租赁经营责任制，是在传统租赁基础上发展起来的一种社会主义性质的企业经营方式，是企业实行所有权与经营权分离的一种具体形式，是物的租赁和经营权的暂时让渡的有机结合。它既是对传统租赁中适于社会主义商品经济发展的因素的继承，又是对传统租赁的突破和发展。

实行租赁经营责任制，要根据企业的不同实际情况，采取不同的租赁形式，如个人租赁、合伙租赁、全员租赁和企业租赁等。在租赁经营企业的收益分配过程中，利润通常被细致地按上缴利润、承租人收入、企业生产发展基金、职工集体福利基金、职工奖励基金五个主要部分进行分配。首先要扣除上缴利润，剩余部分依据合同规定的比例进行分配。租金及保证人收益由承租人收入来支付。

租赁经营责任制有助于确立企业的独立主体地位，落实企业的财产权利，强化企业经营者的地位和责任，可以增强企业活力，提高经济效益，完善企业经营机制。

承包经营责任制与租赁经营责任制在两权分离等方面具有共同点和兼容性，但两者也有所区别。

一是对象不同。承包经营主要是围绕特定的生产经营任务展开的，其关注点在于确保经营成果的实现和达成；租赁经营则聚焦于资产使用权的转移及企业经营管理权的授权，对象是资产。

二是所有权与经营权分离的程度不同。在承包经营的模式下，经营者虽然拥有进行生产经营、人事劳动管理以及职工奖惩等权利，但这些权利的行使并不是完全自主的，而是受到上级行政主管部门的监督和一定程度的控制。这意味着承包经营者的自主权是相对有限的，需要在上级的指导和监督下运作。在租赁经营的模式下，两权分离的程度更高，经营者不仅获得企业机构的设置权、收益分配权、生产经营决策权，还拥有了对职工录用和解聘的决策权。更重要的是，经营者还可以根据市场需求适当调整企业经营方向，并按照国家有关规定办理变更登记手续。

三是经营者所承担的风险大小不同。当承包经营者未能如期完成所承担的任务时，会依据情节轻重，相应地追究其行政责任和经济责任，如扣发一定的工资和奖金等；租赁经营者则实行财产担保，承租人必须出具与租赁财产成一定比例的资金作为担保，或者有具有相同财产可资担保的保证人等。

四是企业留利的归属不同。在实行承包经营的企业中，由税后利润所形成的新增资产，其所有权仍然归属于企业本身，而非直接归属于承包经营者个人；在实行租赁经营的企业中，承租者在租赁经营期间所形成的资产增值部分全部或者部分归承租者所有。

五是对外开展业务的名义不同。承包合同是一方（承包方）接受另一方（发包方）的委托，以发包方的名义进行经营活动，并在此过程中按照合同规定向发包方支付相应的承包费用；租赁合同则是一方（承租方）租用另一方（出租方）的场地或资产，以承租方自己的名义开展经营活动，并需要按照租赁合同规定向出租方支付一定的租赁费用。

三、新型经营责任制

新型经营责任制的提出，最早可追溯至 2021 年 3 月国务院国有企业改革领导小组办公室召开的国有企业经理层成员任期制和契约化管理专题推进会，会议表示，推行经理层成员任期制和契约化管理是基于中国特色现代企业制度的新型经营责任制，是激发企业内生活力动力的关键举措，是实现国有企业高质量发展的必然要求。

2023 年 1 月，国务院国资委召开中央企业负责人会议，明确要求构建并完善全员新型经营责任制。

2023 年 2 月 23 日上午，在国新办举行的"权威部门话开局"系列主题新闻发布会上，国务院国资委原副主任翁杰明提到，下一步，国资央企更加注重完善公司治理结构。选优配强外部董事队伍，保障董事会发挥决策中心作用，落实董事会向经理层授权的制度，建立新型经营责任制，吸引更多优秀人才参与国企公司治理，使企业决策、治理、管理与市场经济更加契合。

2023 年 3 月 16 日，国务院国资委党委在《人民论坛》发表署名文章《国企改革三年行动的经验总结与未来展望》，提及要"全面构建中国特色现代企业制度下的新型经营责任制"。

2023 年 3 月 23 日，国务院国资委党委书记、主任张玉卓在中央党校形势与任务报告会上作专题报告时提到，全面提升国企公司治理现代化水平，全面建立中国特色现代企业制度下的新型经营责任制，全面优化国有企业收入分配机制，全面加强国有企业同各类所有制企业协同合作，着力打造现代新国企。

2023 年 3 月 29 日，博鳌亚洲论坛年会举办"打造充满活力的现代企业"分论坛。国务院国资委党委书记、主任张玉卓在论坛上表示，国有企业将以实施新一轮国企改革深化提升行动为契机，提升国有企业公司治理现代化水平，构建中国特色现代企业制度下的新型经营责任制，健全更加精准灵活、规范高效的收入分配机制，推动中长期激励，在更大范围、更大力度地规范实施，推动国有企业真正按市场化运营，让创新创造活力竞相迸发。

过去的经营责任制以国有企业实现自主经营、自负盈亏为目标，主要通过经营合同的契约形式来明确和规定国家与企业的责任、权利与利益的关系，从而推动所有权与经营权的有效分离。新型经营责任制则强调国有企业在市场中的主体地位，通过一系列由上至下的综合性改革措施，如分类改革、国资授权监督、现代企业制度的建立健全、市场化考核激励机制与风险管控体系等，构建市场化的治理和运营机制，进一步激发企业的内生活力与动力。

四、小结

治理层面的责任制是改革开放以来我国国有企业经营责任制建设的主线。承包经营责任制以所有权和经营权分离为重点，通过契约方式约定经营目标和分配关系，明确国家和企业的责权利关系；租赁经营责任制在公司制改革的基础上，面向企业领导班子，通过经营业绩责任书理顺出资人、企业责权利关系。党的十八大以来，国资监管转向"管资本"，国有企业党组织、董事会、经理层等治理主体实现适度拉开、职能定位进一步明确、董事会职权落实，中国特色现代企业制度确立，职业经理人制度探索和经理层成员任期制契约化管理的全面实施，为构建新型经营责任制奠定了基础。

第二节　内涵探析

一、概念内涵

新型经营责任制到底是什么？一些研究者和管理咨询公司基于对国家战略规划和政策要求的深度解析，结合自身实践经验，纷纷对新型经营责任制给出定义。本书对其做了整理，现罗列如下。

中国企业研究院执行院长李锦：建立新型经营责任制，就是推动国有企业真正按市场化运营，让创新创造活力竞相迸发。具体来看，这项工作的核心和关键是全面优化国有企业收入分配机制，建立现代分配制度，吸引更多优秀人才参与国企公司治理，使企业决策、治理、管理与市场经济更加契合。[①]

中智咨询：新型经营责任制虽以经理层任期制和契约化管理为核心，但并非只是企业干部管理方面的单项管理制度，也不仅是面向人才的市场化改革举措，而是国有企业深化市场化经营机制改革的趋势体现，是一套基础性、综合性改革模式、工具的系统整合。企业必须将新型经营责任制不断横向推广、纵向贯穿、落地推行、做精做细，构建形成全员新型经营责任制。[②]

和君咨询：新型经营责任制是指通过深化市场化经营机制改革，以任期制契约化为手段改变过往行政命令式的经营模式，以市场化为目标优化选人、用人、绩效考核机制而建立的新型激励约束机制。[③]

中大咨询：新型经营责任制是以进一步落实国有企业市场主体地位为导向的综合性改革，从顶层设计到落地执行涵盖了企业分类改革、国资授权与监督、现代企业制度、市场化考核激励与风险管控等一系列改革措施。构建中国特色现代企业制度下的新型经营责任制，应当以分类改革为前提，以国资授权监督为关键，以现代企业制度为基础，以市场化考核激励为核心，以风险管控为保障，通过一系列的制度机制推动国有企业真正按市场化运营。[④]

二、特征分析

与以往各种类型的国有企业经营责任制相比，新型经营责任制具备五个方面特征（见图1-1）。

---

① 资料来源：《每日经济新闻》，2023年3月30日。
② 资料来源：中智管理咨询有限公司官网。
③ 资料来源：和君咨询有限公司官网。
④ 资料来源：中大咨询集团官网。

图1-1　新型经营责任制的特征

一是治理分工更加明确。治理结构从"三个班子，一套人马，一体承担经营责任"到"三个班子，三套人马，职责分工清晰明确"，为层层落实经营责任奠定了基础。

二是岗位权责更加清晰。将干部管理和岗位管理区分开来，岗位是基本的出发点和管理的对象，以岗位作为职责权限、薪酬兑现、刚性退出的载体。

三是考核内容更加丰富。在治理层面形成基于契约、衔接战略、围绕职责、到岗到人的考核指标组合，而不是过去主要针对一把手和班子整体考核。

四是薪酬管理更加规范。强调正向激励，基于岗位分工和贡献拉开考核差距，更加突出激励方式的多元化，鼓励探索实施中长期激励。

五是退出要求更加刚性。以年度考核不合格退出、任期届满重聘解决了传统干部管理无任期或退出不刚性的问题，推动打破干部"终身制"。

三、路径探索

构建中国特色现代企业制度下的新型经营责任制，应当以分类改革为前提，以国资授权监督为关键，以中国特色现代企业制度为基础，以市场化考核激励为核心，以风险管控为重要保障，通过一系列的制度机制安排推动国有企业真正按市场化运营（见图1-2）。

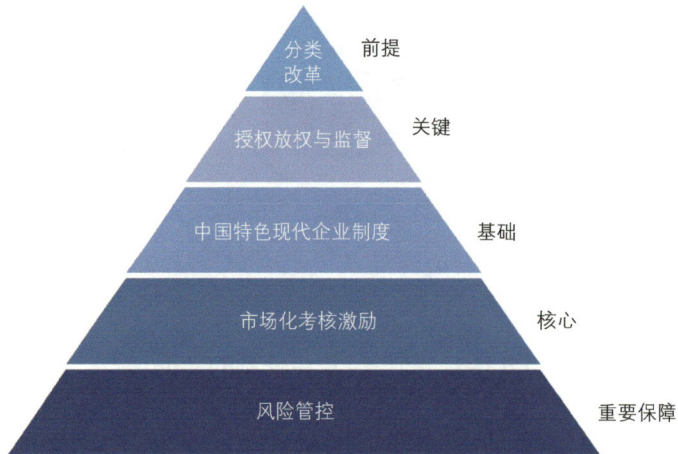

图 1-2 新型经营责任制的构建路径

深化分类改革是构建新型经营责任制的前提。对国有企业实施功能界定和分类是确保改革措施精准实施的前提。通过明确各类企业的战略定位和发展目标，可以确保授权监督、考核激励等关键改革措施有效执行。根据实际情况，中央政府和地方政府已经总体完成对国有企业的功能界定与分类工作。接下来，需要着眼于企业内部的功能分类，将政策性业务和经营性业务划分清楚，按照业务特点，实施分类改革、分类发展、分类考核、分类监管。

落实授权放权与监督是构建新型经营责任制的关键环节。在国有资产的管理与监管中，科学界定出资人的监管边界是至关重要的。为实现政企分开、政资分开以及所有权与经营权的有效分离，需要加大授权放权的力度，实现从传统的直接管理向基于出资关系的监管模式的转变。为加快构建新型经营责任制，一是要突出差异化管控要求，分类对"双百企业"、"科改示范企业"、"两类公司"、上市公司等不同类型企业实施精准授权放权；二是完善国资监管机制，按照事前规范制度、事中加强监控、事后强化问责的思路，全面梳理国资监管职责，调整优化监管方式和手段；三是构建大监督体系，推动国资监管与纪检监察、巡察、审计以及社会监督等多种监督力量同向发力，形成紧密联动的监督机制，并通过这一机制实现从各自为政的孤立监督向统筹协同的综合监督转变，有效避免重复监督的问题，从而不断提升监督效能。

新型经营责任制必须建立在中国特色现代企业制度的基础之上。新型经营责任制以具有完善的现代公司治理结构的企业为主体，以资本为纽带，以股权关系为基础，以《中华人民共和国公司法》及"公司章程"为基本遵循，明晰股东、经理层等各方的权责，依法治企，推动各治理主体不缺位、不越位、不互相替代、不各自为政。为进一步完善中国特色现代企业制度，一方面健全制度体系，通过章程、权责清单明确界定出资人、党委会、董事会、经理层等治理主体的职责权限和决策事项，动态修订完善议事规则及配套制度，确保治理有章可循；另一方面抓好抓实董事会这一关键枢纽的建设工作，提升董事会在机构设置、人员配备、程序设计等方面的规范性，同时持续提升董事履职能力，落实董事会职权，完善董事会及董事考核评价机制，提升董事会决策效能。

构建新型经营责任制需牢牢把握市场化考核激励机制这一核心环节。构建经营责任制的关键是厘清责权利关系，在新型经营责任制下，责权利的分配主要通过差异化岗位管理、个性化绩效考核与精准灵活的收入分配机制来实现。一是通过价值链分解等方法合理设置岗位，细化岗位职责及分工，"一岗一责"制定岗位说明书，真正做到专业人做专业事；二是以战略为导向，从顶层开始向下逐层分解与细化目标，综合考虑岗位职责、目标任务、实际业绩、考核周期等因素，实行差异化的考核机制。同时，通过签订契约明确并强化考核目标，使收入水平、职位晋升、续聘解聘等与实际经营业绩和考核结果挂钩；三是破除"大锅饭"和平均主义，基于岗位的特性和实际考核要求，差异化设计薪酬结构，合理运用中长期激励工具，拉开内部人员收入差距，实现"凭业绩和贡献取酬"。

强化风险管控是构建新型经营责任制的重要保障。构建新型经营责任制要求企业拥有充分的自主权，与此同时，也要求企业建立健全合规管理体系，加快落实明确合规管理主体职责、健全合规管理制度体系、规范合规管理流程、设立首席合规官等工作，加快提升企业依法合规经营管理水平，确保改革发展各项任务在法治轨道上稳步推进。在内部控制方面，重点抓好内部控制体系的有效执行和持续改进工作，定期开展内部控制有效性的评估工作，及时识别内部控制的缺陷和薄弱环节，并采取相应的整改措施，完善制度、加强管理、堵塞漏洞。在风险管控方面，坚持系统观念，谋划推动全面风险管理，强化企业风险研判、风险评估、风险应对等各个环节的协同配合，全过程、链条式、动态化防控重大风险。

四、小结

企业责任制是现代公司制企业两权分离和分工细化的直接结果，建立在市场竞争而非行政命令的基础上。公司之所以成为现代工业社会中大型商业企业最广泛采用的形式，其精髓是内部动态的责任制，这一内部动态责任制的载体包括组织和个体。新型经营责任制则是在中国特色现代企业制度框架下，结合我国国企实际的制度性创新，是"两个一以贯之"（坚持党对国有企业的领导是重大政治原则，必须一以贯之；建立现代企业制度是国有企业改革的方向，也必须一以贯之）在企业责任制建设领域的具体体现。

第三节　理论基础

随着企业管理现代化进程的推进，国内外学者对企业经营管理模式的研究不断发展，"目标""契约""激励""责权利""全员经营"等关键词不仅贯穿我国国有企业经营责任制建设始终，也是西方学术界的研究热点。目标管理理论、契约理论、激励理论等经营管理经典理论持续影响和作用于国内外无数现代企业管理实践。

一、目标管理理论

目标管理理论由美国管理学大师彼得·德鲁克于 20 世纪 50 年代提出，被称为"管理中的管理"，其理论基础来源于泰勒的科学管理理论以及行为科学管理理论，是现代管理学理论体系不可或缺的组成部分。这一理论的核心在于两个重要方面：一是强调组织内部的每一个成员都应积极参与目标的制定过程，坚持目标导向，将企业的整体目标作为每个成员工作的焦点；二是加强对目标的内部控制，确保通过集体智慧制定的目标既具有可执行性，又能够客观衡量。德鲁克认为，目标应先于工作，企业的战略、任务和业绩要真正转化为员工看得见、摸得着的具体目标，因此在分配工作任务时，应基于组织的整体目标，确保每个成员的工作都能与企业的整体目标紧密相连，形成合力，共同推动企业的发展。管理者应逐级对目标进行有效分解，直至组织目标分解成个人目标，通过目标对下级进行管理。

目标管理方法提出后，首先被美国通用电气公司采用，并取得了显著的成效。随后，这一管理方法在美国、日本、西欧等众多国家和地区得到迅速推广和应用，被公认为一种加强计划管理的先进科学管理方法。中国自 20 世纪 80 年代初开始，在企业中实行干部任期目标制、企业层层承包等，都是目标管理方法的具体运用。

企业目标可分为战略性目标、策略性目标以及方案、任务等。一般来说，高级管理者负责经营战略目标和高级策略目标的制定；中层管理者负责中级目标的制定；基层管理者负责初级目标的制定；职工负责方案和任务的制定，这些目标任务同每一个成员的工作成果相联系。自上而下的目标分解和自下而上的目标期望相结合，使职工更加积极、主动地贯彻执行企业的经营计划，更加积极、主动第参与到企业的经营活动中来。目标管理理论应用在管理模式上具备以下特征。

一是员工参与管理。员工与企业之间通过目标管理建立紧密的联系，员工通过参与企业目标的制定、完善以及执行的全过程，最终实现企业既定目标。

二是注重工作成果。目标管理始于明确的目标设定，并以这些目标的实现作为终点。目标的真正价值在于其成果的产出，因为只有产生了实际工作成果，目标的设定才具有实际意义。工作成果不仅是衡量目标达成程度的关键，也是评估工作绩效的重要标准。

三是以自我管理为中心。目标管理的中心是目标责任者本人，他们负责将目标转化为具体的行动，并自我驱动以确保目标的实现。

四是突出自我评价。目标管理强调对工作流程的持续自我审视，要求目标责任人定期回顾并总结自己的工作成绩、经验与不足，不断修正各阶段目标，以此有效提升工作效率。目标管理在处理那些易于量化和细分的目标时，能够发挥显著的正面作用，有助于优化组织内部的职责分工，充分激发和调动员工的主动性和积极性，从而提高管理水平，助推整体目标的完成。

可借鉴之处：目标管理理论认为，企业的发展目标和经营任务必须转化为具体目标。新型经营责任制的构建可借鉴目标管理模式，通过科学的方法制定总体发展目标，并同步确立与之相契合的各分目标和子目标，这将成为员工参与生产和管理活动的重要指引，有效避免企业出现内耗及浪费现象，从而提升企业经营效益。

二、契约理论

契约，作为双方或多方当事人之间的一种共识性约定，其本质可理解为一种协议或合同，但其涵盖的范畴相较于合同更为广泛。在现实中，契约有短期的或长期的，正式的或非正式的，显性的或隐性的。在狭义上，任何商品或劳务交易都是一种契约关系。在广义上，法律、制度也是一种契约关系。在信息不对称的条件下，在建立契约关系的过程中，当事人会出现四种问题，即道德风险、逆向选择、敲竹杠和承诺问题。一般来说，逆向选择问题属于机制设计理论的范畴，而道德风险、敲竹杠和承诺问题是契约理论的核心问题。

1937 年，诺贝尔经济学奖得主科斯发表经典论文《企业的本质》，经济学领域普遍认为，这是契约理论的发端。科斯在该篇论文中指出：商品、劳务的供给期限越长，预测的难度随之越大，买方便越难对契约内容做出充分、明确的判断。科斯开始从契约的角度来评价交易行为，契约的完整性程度与企业对市场的替代性呈现正向关系。契约理论旨在通过对交易行为进行机制和制度设计实现福利最大化。

后来，契约理论逐步发展出两个方向：一个是"完全契约理论"，由霍姆斯特朗教授提出；另一个是"不完全契约理论"，由哈特教授提出。

"完全契约理论"认为企业和市场完全体现了契约的本质，委托人和代理人通过对未来情况的预测制定风险应对策略，提升在固定环境下的次优效率。"完全契约理论"可用于解决道德风险和承诺方面的问题，例如分析市场上的企业交易关系、政府政策以及企业内部治理与金融契约。

"不完全契约理论"聚焦产权概念，强调人的有限理性和资产专用性对契约的影响。帕累托最优状态可以通过产权安排得到优化，产权形式将成为区分企业和市场的关键要素。该理论主要用于理性解释产权，用于公共经济学、企业内部组织等多个领域。

综合而言，契约理论就是用一种契约关系来分析现实生活中各类产品和劳务的交易行为，然后设计一种约束人们行为的机制或制度，以便实现福利最大化。[①]

可借鉴之处：新型经营责任制的构建可借鉴契约理论，以契约的形式明确责任、权利和收益，改变自上而下的命令式经营模式，打破传统选人用人、激励约束机制的束缚，真正实现责权利的统一。

三、激励理论

在行为科学的研究范畴中，激励理论占据重要的地位，激励理论主要探讨需要、动机、目标和行为这四者之间的紧密关系。激励理论认为，人的动机

---

① 聂辉华：《契约理论的起源、发展和分歧》，《经济社会体制比较》2017年第1期。

源自内心深处的需求，这些需求塑造着人们追求的行为目标。而激励作为内在力量作用于人的内心，激发人的行动热情，同时驱动并强化人的行为。激励理论阐释了绩效评价如何助力组织业绩实现飞跃，同时也揭示了什么样的评价机制对于提升业绩具有显著效果，在激发员工积极性方面发挥着重要作用。

激励理论的早期研究，主要聚焦人的"需要"，试图解答如何基于某种基础或依据来激发员工的工作积极性。在这一研究领域中，不乏众多知名的理论，如马斯洛的需求层次理论、赫茨伯格的双因素理论，以及麦克利兰的成就动机理论等。其中，马斯洛的需求层次理论提出，人类的需求呈现出一个等级层次的结构，从最基本的生理需求开始，逐步发展到安全需求、归属与爱的需求、尊重需求，并最终达到最高的自我实现需求。每当某一层次的需求得到满足后，该需求的激励作用就会变弱甚至丧失，人们会转而追求更高层次需求的满足。

在激励理论的研究中，过程学派提出一个观点，即满足个人需求以达成组织目标是一个循序渐进的过程。这个过程的关键在于通过设定明确的目标来影响和塑造人们的需求，进而激发他们的行动动力。

这一学派的学者提出了许多著名的理论，如弗洛姆的"期望理论"、洛克和休斯的"目标设置理论"、波特和劳勒的"综合激励模式"、亚当斯的"公平理论"以及斯金纳的"强化理论"等。

弗洛姆的"期望理论"在这一领域中具有很强的代表性。他提出，目标对个人的激励程度并非单一因素决定的，而是受到两个关键因素的影响。首先是目标效价，即个人对实现该目标所带来的价值的主观认知。如果个人认为实现该目标具有很高的价值，那么他的积极性将会高涨；反之，如果个人认为实现该目标的价值不高，其积极性则会降低。其次，期望值也是影响目标对个人的激励程度的重要因素，它指的是个人对实现目标可能性大小的预估。只有当个人认为目标实现的可能性较大时，他才会愿意投入努力去追求这一目标，目标的激励作用才能得到充分发挥。但如果个人认为目标实现的可能性极小，甚至完全不可能，那么目标的激励作用就会大打折扣，甚至完全没有。

之后，美国学者洛克和休斯等人提出"目标设置理论"。该理论深入剖析了目标对于激励效果的重要性，并归纳出目标的三大核心要素。

首先，是目标的难度。该理论强调，目标应该具备一定的挑战性，过于简单的目标会缺乏足够的吸引力，难以激发人的斗志和积极性。然而，过高的目标会让人望而却步，丧失追求的动力。因此，理想的目标应设置在个人能力的临界点，既具有一定的难度，又不至于遥不可及。

其次，目标的明确性也是该理论强调的重点。模糊、笼统的目标往往让人无所适从，难以产生实质性的激励效果。相反，具体、可量化的目标能够让人清晰地了解自己的奋斗方向，并明确自己与目标之间的差距，从而更有动力去追求。

最后，目标的可接受性同样不容忽视。只有当员工真正接受并认同组织的目标，将其视为个人目标的延伸时，目标才能发挥最大的激励作用。因此，让员工参与目标的制定过程非常重要，这样可以提高目标的可接受性。

可借鉴之处：新型经营责任制的构建可借鉴激励理论，建立科学的绩效考核体系，优化市场化激励约束机制，灵活运用股权、分红、跟投等多种中长期激励工具，自下而上激发企业经营活力，提高企业管理效率。

四、委托代理理论

委托代理理论是契约理论最重要的发展之一，由美国经济学家伯利和米恩斯于 20 世纪 30 年代提出。这一理论深入探讨委托代理关系的核心，即一方（或多方）基于明确的或潜在的协议，指定并雇用另一方为其服务，同时赋予后者一定的决策权限。在此关系中，委托者被称为"委托人"，而承担服务责任的一方则被称为"代理人"。委托代理理论的关注点在于，如何在利益冲突和信息不对等复杂情况下，委托人如何巧妙设计契约，以最优化的方式激励代理人，确保双方的利益最大化。

委托代理理论的源自生产力的大幅提高和规模化生产的兴起。随着生产力的迅猛发展，劳动分工日益精细，权利所有者因知识、能力和精力的局限而无法全面行使所有权利。与此同时，专业化的分工催生众多具备专业知识的代理人，他们拥有足够的精力和能力去代理行使被委托的权利。然而，在委托代理关系中，委托人与代理人有不同的效用函数，两者并不一致。委托人追求的是财富最大化，而代理人追求的则是工资津贴、消费以及闲暇时间的最大化。这种利益差异必然引发双方的冲突。若缺乏有效的制度安排来调解这种冲突，代理人的行为很可能会对委托人的利益造成损害。

公司治理的核心在于解决这种由所有权和控制权分离所带来的代理问题。因此，委托代理理论作为两权分离的直接产物，被视为主流公司治理理论的重要组成部分，为公司治理提供重要的理论支撑。薪酬是解决代理问题的主要手段，因此，分析激励的影响因素，设计最优的激励机制，越来越广泛地被应用于解决公司治理问题。

可借鉴之处：新型经营责任制的构建可借鉴委托代理理论，推行经理层成员任期制和契约化管理，进一步理顺出资人、董事会和经营管理者之间的委托代理关系，形成权责法定、权责透明、协调运转、有效制衡的法人治理结构，实现职务能上能下、收入能增能减，充分激发经理层成员的活力和创造力。

五、阿米巴经营管理模式

阿米巴经营管理模式是日本著名企业家稻盛和夫用其一生的实践总结出来的宝贵经验。阿米巴经营管理模式的基础是坚实的经营哲学与精密的部门独立核算机制。如同自由繁衍的阿米巴原虫一般，阿米巴经营管理模式将庞大的企业分割成若干小集体——"阿米巴组织"。每个"阿米巴组织"都拥有自主制定经营计划、独立核算的权利，它们持续自我成长，每个员工都站在舞台中央，通过全员参与经营，来实现企业的经营目标。

阿米巴经营管理模式的第一个独特之处体现在全员参与上。它以企业利润最大化和费用最小化为原则，将员工从"打工者"的身份转变为"事业的共建者"。通过独立核算报表，员工能够了解各自"阿米巴组织"的经营成果，包括产量、质量、成本、费用、利润等关键信息。这种透明的信息不仅可以激发员工的工作热情，而且可以让他们为企业的发展目标倾尽全力。

阿米巴经营管理模式的第二个独特之处是经营管理的高度透明。这不仅是阿米巴经营管理模式成功推行的关键条件，更是确保员工深度参与企业运营的基石。为推行这一模式，企业领导层必须展现出足够的信任，将经营权下放，让员工能够清晰、直观地掌握各自"阿米巴组织"的详尽经营数据。缺乏这种高度的透明性，员工将难以了解各自"阿米巴组织"的实际成果，也难以有效参与到企业的日常经营决策中，阿米巴经营管理模式的有效性也将因此而削弱。

培养具备经营意识的人才是阿米巴经营管理模式的最终目标和最显著的特征。一个企业的核心竞争力决定了该企业能否跻身世界顶尖行列。企业的核心竞争力源自其拥有的一流经营人才。通过阿米巴模式倡导的全员参与和"阿米巴组织"内部信息的深度共享，企业为每一位参与者提供学习和成长的平台，使他们在参与经营管理的过程中，逐步培养出敏锐的经营意识和卓越的领导能力。

自从阿米巴经营管理模式创立并成功实践，半个世纪以来在全世界遍地开花。特别是受金融危机余波的影响，2010年以后中国企业不同程度地陷入了经营困局，从股权激励到合伙人制度，阿米巴经营管理模式的经营哲学和管理效率得到推崇。海尔的人单合一模式、华为的"铁三角"模式、韩都衣舍的自主经营体模式、海底捞的赛道平台模式等，虽然名称不同，但都以阿米巴经营管理模式为内核。在阿米巴经营体系中，经营学是基础，管理学是手段，会计学是工具，这三大模块在"中国化"道路上不断被优秀企业演化并升华。

可借鉴之处：新型经营责任制的构建可借鉴阿米巴经营管理模式，由管理层对企业目标进行精准量化，并在量化的基础上进行充分授权、放权，从而有效调动各层级、各单位的灵活性，提升企业整体的运营效率。

六、小结

综合来说，国内外经营管理经典理论的核心观点主要分为以下六类。一是认为可以通过对员工及其工作任务进行计划、管理、控制、监督，提高工作绩效和生产效率，实现组织战略。二是将企业的战略、任务和业绩等目标有效分解为员工个人目标，通过目标管理下级。三是认为两权分离下企业所有者、管理者和员工之间的关系本质上是一种契约关系，为实现效益最大化，委托人会适当授予代理人一定的决策权，同时建立有效的制度机制约束和激励代理人，维护委托人利益。四是认为目标有较高难度、能够观察和测量，且由员工共同参与制定时，才能真正发挥其激励作用。五是认为企业并不是一个单一的经济主体，而是由股东、经营管理者、客户、债权人等不同利益关系主体共同构成的，各个利益相关者联结成一个契约的共同体。重点是分析不同的利益主体如何利用契约来保护自己的利益，同时对代理人进行有效的激励。六是将企业划分成若干小集体，以各个"阿米巴组织"为核心，自行制订经营计划，独立核算，并通过企业领导人放权和全员参与经营，培养经营人才，推动经营管理高度透明。这种模式打破了传统的由上到下的压力传导思维，转变成小单位的经营思维，让人人成为经营者，提升企业的经营效率。

新时代国有企业既要严格遵循社会主义市场经济改革方向和发展规律，又要遵循现代企业管理的基本原理，应充分借鉴吸收国内外经营管理经典理论，通过目标分解、责任传递、充分授权和放权、激励约束等举措充分调动员工的积极性、主动性，激发他们的责任意识和内生动力，优化生产关系，释放生产力。

第二章

优秀企业理论探索及情况概述

第一节　中国宝武钢铁集团有限公司 ①

　　中国宝武钢铁集团有限公司（以下简称中国宝武）是中央直接管理的国有骨干企业。2020 年，中国宝武被国务院国资委纳入中央企业创建世界一流示范企业；2022 年，中国宝武获批成为国有资本投资公司，启动新型低碳冶金现代产业链"链长"建设工作。2023 年，在《财富》世界 500 强排行榜里中国宝武列第44 位，继续位居全球钢铁企业首位。2023 年 11 月，中国宝武开展第十五期决策人研修，会议提出，要通过构建具有宝武特色的新型经营责任制，增强核心功能，推动公司高质量发展，正式打响了中国宝武新一轮改革深化提升行动的发令枪。

一、坚持方向引领

　　"三项制度改革"是市场化经营机制改革的中心环节，任期制和契约化管理是三项制度改革的重要方面。

　　一是深刻认识构建新型经营责任制的重要意义。充分发挥考核评价的"指挥棒"作用，在坚持中国宝武超跑追领（EPL）绩效驱动体系和"跑赢大盘"评价方法的基础上，主动适应国资监管新要求、深化改革新任务和新形势。

　　二是深度融合市场化经营规律和企业发展规律。按照"市场化、差异化、契约化"原则，优化管理流程、指标体系、评价方法和应用规则，动真碰硬，牵引各子公司瞄准"一个总目标""两个途径"和"三个作用"同向发力，推动"三项制度改革"落实落地。近年来，中国宝武突破了一批材料、低碳冶金

---

　　①　本部分引自《上观新闻》，2023 年 11 月 17 日，略有改动。

工艺、工业软件等领域"卡脖子"技术，首发首台（套）产品超过70项，产业链、供应链国际化布局稳步推进。

二、坚持系统集成

在传承过去优秀经验的基础上，中国宝武全面构建新型经营责任制，重点在"四个新"上取得突破。

一是指标新。从国资央企"两个途径""三个作用"出发，结合企业实际，策划用于绩效评价的特征值指标，梳理形成覆盖33家子公司、包含629项指标/任务，以"科技创新强、产业控制强、安全支撑强、经营质量优、布局结构优、品牌形象优、细分领域影响大"为代表的"三强三优一大"指标任务库。把做强放在首位，除战新产业（战略性新兴产业）外，不再设置营收规模类指标。

二是流程新。优化新型经营责任制管理流程，按照"三转化""两分解"思路，对国务院国资委考核要求和集团公司战略目标做好转化，将子公司战略规划和三年任期目标做好分解，确保上下贯通、有效衔接。重点承接好国务院国资委在科技创新、价值创造、战略性新兴产业和未来产业发展等方面的考核要求。

三是方法新。以"指标可比、目标可及、结果可算"为导向，构建简单易行、透明度高的绩效评价体系，在经营业绩方面，主要评价股东回报能力和产品经营能力，牵引"价值创造"。重点策划十条绩效评审规则，明确超额研发投入视同利润加回、战新项目爬坡期豁免、使命担当任务加分等细则，通过提高差异化豁免、加回比例，鼓励子公司优化资产结构、积极处置历史遗留问题、提升资产质量。

四是应用新。不断完善薪酬兑现制度，制定公开、透明的超额利润分享规则，建立"两挂钩、两倾斜"的价值分享体系，使经营责任挂钩领导人员绩效奖金，使价值创造挂钩员工工资总额，重点激励科技创新人才。严格执行任期管理，任期届满后，职务自然终止，全面推行竞争上岗，常态化实施岗位退出，加大考核结果应用力度。截至2023年底，中国宝武各级子企业签订契约的经理层成员共 1205 人，296 人绩效薪酬被扣减，占经理层成员总数的 24.6%，扣减幅度最大的为 100%；同一单位副职经理层中，薪酬最高者是最低者的 1.77 倍。

三、坚持凝心聚力

在新型经营责任制下，不仅管理方式发生转变，思维方式和理念文化也同时发生转变。中国宝武坚持守正创新，先立后破，通过构建新型经营责任制，形成了共识、鼓舞了士气。

一是使命担当意识进一步提高。中国宝武将承担国家使命任务纳入新一轮任期评价，各单位解决"卡脖子"难题、发展战新产业与未来产业、关键核心技术攻关、打造原创技术策源地和子链长建设等任务申报数量显著增加。

二是内生活力动力进一步激发。在 2024 年 1 月底中国宝武召开的年度工作会议上，"市场化"成为高频词汇，"超额利润分享规则"引发热烈讨论，"创造价值才能分享价值"的分配理念深入人心，各级管理者和全体员工鼓足干劲，誓要实现经营业绩"超越自我、跑赢大盘、追求卓越"。

三是应对危机的底气和信心进一步增强。中国宝武所属各级企业高度认同集团公司决策部署，把生产经营思路迅速调整到"四化""四有"上来，加快从管理者向经营者转变，按组织绩效责任书要求全面分解部署各项工作，逐级签订经营业绩责任书，为战胜危机、实现高质量发展打下坚实基础。

第二节　中国西电集团有限公司 [①]

中国西电集团有限公司（以下简称中国西电）成立于 1959 年 7 月，是集

[①] 本部分引自国务院国有资产监督管理委员会官网，略有改动。

科研、开发、制造、贸易、金融为一体的大型企业集团，为我国最具规模、成套能力最强的中压、高压、超高压、特高压交直流输配电设备和其他电工产品的研发、制造、试验、检测和服务基地。贯彻落实《国有企业改革深化提升行动方案（2023—2025 年）》以来，中国西电通过打出任期制和契约化管理改革"组合拳"，干部职工的活力动力进一步激发，市场化的经营管理理念不断增强。

一、坚持"三个突出"

突出制度保障。中国西电在认真学习操作指引的基础上，研究制定了所属企业经理层成员任期制和契约化管理办法、所属企业高级管理人员市场化选聘办法，同步调整了经营业绩考核和薪酬管理方面的规定，对经理层管理者任期制和契约化管理的原则、实施范围、操作流程和退出管理等全过程做出规定，并将其上升到制度层面，实现任期制和契约化管理与现行制度体系相互衔接，确保制度体系、实施过程和结果应用等有章可循、协调有序。

突出经理层依法行权履职。中国西电以实施经理层任期制和契约化管理为契机，开展授放权改革，制定权责划分清单，明确将业务发展规划、组织机构设置、科技创新合作、资产盘活利用等授权给总经理，全力支持所属企业经理层行权履职，加快市场响应速度，有效激发经理层成员干事创业热情。

突出程序规范高效。中国西电在集团层面统一制定了经理层成员岗位聘任协议、企业经理层任期和契约化考核责任书、经营业绩责任书"两书一协议"等文本模板，明确了签约程序，一人一岗逐级签订契约，层层分解任务，由董事会授权董事长与经理层成员签订岗位聘任协议书，与总经理签订年度及任期经营业绩责任书，再由总经理与经理层副职分别签订年度及任期经营业绩责任书。截至 2021 年 5 月，中国西电已实现各级次企业和所有子企业经理层成员任期制和契约化管理全覆盖。

二、坚持效益效率导向

建立与契约化管理相适应的考核指标体系。中国西电全面修订了经营业绩考核办法，年度考核时加大对净利润增长率、资产收益率和"两金"周转率等指标的考核力度，效益效率类指标权重达 70%。在考核过程中，对所属制造类企业采用一套考核指标，"一把尺子量到底"，通过行业和历史双对标，科学合理设置反映企业高质量发展、对标世界一流和提高企业运营质量的通用类指标，如净利润、营业收入增长率、研发投入强度等。对功能类企业，在通用类指标基础上，设置差异化指标，如对"科改示范企业"增加研发平台建设、科技成果转化等指标，对财务公司增加资本充足率指标，对资产管理公司增加资产盘活效率指标。任期考核注重能够反映企业中长期经营成果的国有资产保值增值率、全员劳动生产率等指标。

建立刚性兑现的差异化薪酬分配机制。中国西电修订了所属企业负责人薪酬管理规定，根据考核得分，按照不同等级设置"阶梯式"的薪酬计算方式，指标综合得分低于基准值 8% 的每分按 1000 元计，超过基准值 12% 的每分按 30000 元计，得分越高薪酬越高，鼓励经理层不断"摸高"。根据签订的差异化契约及考核结果合理拉开收入差距，不同企业经理层，差异倍数可以达到 3 倍以上，同一企业经理层，差异倍数可以超过 1.5 倍。对所属企业党委专职副书记、纪委书记实施集团党委党建、纪检考核与所在企业经理层考核双挂钩，党委专职副书记、纪委书记绩效薪酬标准由经理层考核结果确定，具体兑现系数与党建和纪检考核挂钩，在 0.6 ～ 0.9 区间浮动，推动企业经营班子形成发展合力。

建立严格的退出管理机制。中国西电在制定的任期制和契约化管理办法中，明确规定年度经营业绩关键指标完成率均低于 70%、连续两年未完成关键指标目标值、考核结果低于总分的 70%、连续两年考核结果为"不称职"或任期考核结果为"不称职"、对违规经营投资造成国有资产损失负有责任以及经董事会综合考评认定不宜继续任职等7种情形，终止任期、免去现职。

三、坚持市场化方向

中国西电坚持党管干部与市场化选聘有机结合，全面加大所属各企业经理层成员市场化选聘力度，2020年和2021年上半年按照"市场化选聘、契约化管理、差异化薪酬、市场化退出"的原则，完成所属企业3名副总经理、3名总会计师和5名总法律顾问等高级管理人员的市场化选聘，所属各企业通过契约化、市场化方式引进技术专家、市场总监和管理骨干等30余人。对公开择优选聘的人员全部实施任期制和契约化管理，签订劳动合同、岗位聘任合同和业绩考核责任书，市场化选聘的企业高级管理人员聘任协议终止后，严格按照聘任协议约定依法解除劳动合同，实现以劳动合同解决身份问题，以岗位合同解决能进能出、收入能高能低问题，根据考核结果刚性兑现薪酬和严格退出管理。

中国西电所属"双百企业"西开电气深入开展产品线任期制和契约化管理，建立健全灵活高效的市场化经营机制。以"建立市场化经营机制"和"健全激励约束机制"为核心，坚持"效率"和"效益"导向，整合产品全价值链资源，打破部门壁垒，建立产品线，择优选聘产品总监，建立以独立核算为基础的产品线市场化经营机制，引导产品线深度对接市场，进一步提高产品核心竞争力。中国西电制定了"产品线管理制度""产品总监权责清单"，以制度和契约的形式明确产品总监的"权""责"，激发了骨干员工干事热情，为推动企业各项任务目标的实现提供了强大动力。西开电气实施任期制和契约化管理，确定产品总监清晰的"责"：通过与产品总监签订"年度暨任期考核责任书"，将洞察客户需求、深度对接市场、持续提升产品竞争力、规划产品未来发展等核心职责细化为契约，对产品总监实施任期制和契约化管理，实现了产品总监的"年度考核""任期考核"和"专项考核"相统一。变职能驱动为流程驱动，授予产品总监充分的"权"：在压实责任的同时，建立产品总监专项工作流程，在销售、技术、采购、质量等多个环节，以跨部门业务流程为载体，授予产品总监包括审核权和否决权在内的各项权力。同时，做好刚性兑现薪酬，严格退出管理，实现了"强激励、硬约束、严考核"的目标。西开电气产品线市场化经营机制运行以来，全价值链资源配置效率显著提高，各电压等级产品盈利能力不断提升。

第三节　中国第一汽车集团有限公司 [①]

中国第一汽车集团有限公司（以下简称中国一汽）1953年奠基兴建，1956年投产运营。新中国第一辆卡车（解放牌）、第一辆小轿车（东风牌）和第一辆高级轿车（红旗牌）都诞生于此。目前，中国一汽在华北、华南、华东、东北、西南等地建有五大生产基地。中国一汽旗下的解放、奔腾、红旗等自主品牌和奥迪、丰田、大众等合资品牌如今已家喻户晓。近年来，中国一汽以党中央、国务院的决策部署为行动指南，按照国资委的相关要求，积极推进国企改革三年行动，进行大刀阔斧的改革，不断加大任期制和契约化管理力度，企业管理层的市场化意识有了明显增强，企业员工的积极性得到充分激发，中国一汽连续三年逆势增长。

一、规范任期制管理

全体参与，竞聘上岗，树立市场化观念。2017年，中国一汽推行战略重塑和机构调整，按照"双向选择、责权对等、量才录用、宁缺毋滥"的原则，重新配备人员，重置所有岗位，31家单位高级经理岗位实行公开竞聘。人员

---

① 本部分引自国务院国有资产监督管理委员会官网，略有改动。

"能上"和"能下"的比例分别为 29.4% 和 16.7%。所有高级经理都签订市场化管理承诺书，约定任期为三年，最终以实际成效和实际业绩进行考核。

确定目标，厘清责权利，规范任期制管理。2018—2019 年，中国一汽在零部件、金融资产等方面进行改革试点，以"先定目标再选人、先接目标再上岗"的思路，以"竞标揭榜"的方式，对主要负责人和经理层进行市场化选聘，着力激发改革活力。在此基础上，在 14 家分公司和子公司中实施规范化任期管理，经理层成员签订"聘任协议"和"任期绩效合同"，进一步厘清责权利关系。

定期检查，形成常态机制，实施新三年聘任。2020 年，为了取得更好的经营业绩，中国一汽系统化实施新三年聘任。从"经营业绩""担当作为""党建质量""班子合力"四个方面入手，结合历史贡献，中国一汽建立起9 个维度的绩效评价体系，收集上一任期的各种数据，并以此为参照对被考核人员进行量化排序，评价结果为优秀的作为续聘人选或调整到更重要的岗位，其他人员进行竞聘。经过两轮这样的改革，任期管理已经推广开来，并成为企业常态化循环机制。

二、严格契约化管理

实行一企一策，科学合理地设置目标。充分考虑各分公司和子公司的战略定位及发展情况，将目标分为成熟、成长、培育、改革四个类型，针对不同的类型设置核心关键指标，以集团战略要求为指南，对标行业标杆来确定挑战目标。将绩效考核指标进行分解，落实到人，实现"人人扛指标"，鼓励向更高的目标发起挑战。

确保精准考核，有效区分优与劣。实施月度面谈辅导、季度点检提醒、半年评价、年度考核，对任期表现考准考实，形成常态化考评机制。按实际经营情况，每半年对分公司和子公司进行一次打分，实施绝对值评价；在本单位内对经理层成员按照得分情况排序并按比例分档，分档比例与单位绩效实行强挂钩，单位绩效越好，优秀个人的比例越高，让个人与集体共进退。

严格对考核结果进行应用，确保优进劣退。考核结果关系到能否续聘和能否晋升，优先续聘、提拔绩效考核结果为 A 的人员，对绩效考核结果为 D 的人员组织竞聘，连续两年绩效考核结果为 D 的终止任期，予以免职。

三、实施市场化激励

以市场为标杆，鼓励价值创造。参照市场平均水平和岗位价值确定薪酬标准，以经营目标为牵引，向高目标的薪酬增长发起挑战；承接低目标的薪酬下降。

奖罚分明，拉开收入差距。各分公司、子公司经理层成员的收入水平与实际经营业绩强挂钩，超额完成任务目标的给予奖励，不达标或者业绩同比下降的适当扣减薪酬。绩效奖金根据绩效分档结果来确定，绩效考核结果不同，对应的奖金系数也不一样，拉开收入差距。正职 A 档的奖金系数定为 1.5，B 档的定为 1.2、C 档的定为 0.5、D 档和 E 档的定为 0，同一职级的收入差距最大可达 5 倍。

利益绑定，追求共创共享。从企业长远发展的角度出发，实施任期激励，以年度目标收入的 1/10 作为基准，按照任期考核结果延期兑现。分类施策，丰富激励形式。尝试运用上市公司股权激励、高新技术企业岗位分红、项目带头人成果跟投等激励方式，提高核心骨干员工的收入水平，使企业业务骨干和经营人才与企业共同成长，共同发展。

第四节　华为技术有限公司 [①]

华为技术有限公司（以下简称华为）创立于 1987 年，是全球领先的信息与通信（ICT）基础设施和智能终端提供商。近年来，华为积极拥抱经济全球

---

① 本部分引自田涛：《理念·制度·人：华为组织与文化的底层逻辑》，中信出版集团，2020 年，略有改动。

化带来的发展机遇，凭借优质的产品和服务，利用技术研发、市场拓展、国际合作、供应链整合以及全球生态链建设等方式，企业规模不断扩大，国际影响力持续提升。

然而，公司规模持续扩大的同时，也带来管理低效、内部协同不足、业绩增速放缓等问题。为适应快速变化的市场环境和技术挑战，提高内部协同效率和市场响应速度，持续提升公司的竞争力和生命力，华为进行了一系列重大的组织与管理变革。

一、"大岗村变革"

华为的"大岗村变革"并非指一个具体的行政村落的变革，而是指代由一个涉及分配方式、管理理念和管理制度的关键问题所引发的一系列管理变革策略和变革试点。这个关键问题即"一线员工什么时候最开心"，华为对此的回答是"能自己决定自己的命运，能算出自己的收入，自己的工作能够通过数字化呈现出来，而不是领导说了算"，投射到管理上，则体现为几个核心的管理理念和试点举措。

一是转变职能，做强一线。从市场的角度出发，以"多打粮食、合规地打粮食"为目的，构建有效简明的管控体系和职责界面，推动片区的管理者转变职能角色，从管控指挥向指导、服务和协调转型，如拉美片区的"中台变革"实施一年以后，地区部负责管控的人员仅有30多人，其他人都分流到服务体系。同时，该片区以"提高内部协同效率和对外响应速度"为目的，围绕"作战"优化流程和资源配置，拉通纵向组织，避免各管一段，同时做好资源中心和能力中心面向"作战"场景（即产品销售和客户服务）的横向合成，确保能为一线提供高效便捷、即插即用的中台服务，打通端到端的全部流程，全力支撑一线和代表处，提升一线"作战"能力。

二是权力下沉，鼓励片区自主经营。授予代表处和一线员工充分的决策权、作战权和分配权，由他们决定"中台"的职能配备、专家配备、工作效能评价、奖金分配等，一方面可以倒逼各个"将军"、专家奔赴前线，与一线员工和客户面对面地分析问题、解决问题；另一方面也可充分激发一线员工的积极性、能动性，促进实现更大的价值创造。同时，鼓励片区变革在方向正确的情况下大胆试错，抓住主要矛盾，形成结构性的框架以支持后续的变革探索。各个地区部有权在结构方向的基本共识下自主制订试点方案，在资产包约束和粮食包激励下，自主经营、自主运作；一线代表处则可以实行一国一策、一客一策。

以华为消费者业务集团（CBG）自下而上的变革为例，其之所以能够在9年不到的时间里获得显著成就，除有一个优秀的领头人、一个好的团队，以及华为的技术实力、管理积累和资本支持之外，重要原因在于还权于基层、放权于基层。一方面，随着业务快速扩张，公司对CBG的放权力度也在依据变化不断加大，从早期的放开"双手"到放开"手脚"再到放开"大脑"，最后在绩效目标责任制的约束下，公司仅拥有账务、资金、审计稽核、法务等几项监管权；另一方面是CBG自身对一线、对基层的充分释权和放权。

二、责任中心制

责任中心制的本质是，根据组织在公司的经营职责定位，将整个公司的经营责任，合理分解到各个组织中去，并通过经营指标的牵引，形成组织间目标协同、力出一孔的运作机制。华为的责任中心制建设是全方位的，涉及组织架构、战略落地、财务管理、人力资源管理、企业文化等多个层面，旨在构建一个责权利清晰、响应迅速且富有活力的现代企业管理体系。

一是进行组织结构优化和分权。按照不同部门的职责和应承担的经营责任，将其划分成投资中心、利润中心、成本中心、费用中心、能力中心等。推行"铁三角"模式，即客户经理、解决方案专家、交付专家所组成的面向客户的"铁三角"团队，以项目为中心进行运营，增强一线"作战"能力。

二是战略解码和指标分解。将公司的战略目标逐层解码，并将关键绩效指标（KPIs）精准地分解到各个责任中心，确保全员理解和执行同一战略，各责任中心依据自身业务特点制订具体的行动计划，并对经营结果负责。

三是强化全面预算管理。构建基于业务导向、会计监督的全面预算管理体系，根据各责任中心的目标和计划，合理配置和调整资源；同时通过预算管理和考核评价体系，保证资源使用效率最大化，实现有效的成本控制和盈利增长。

四是健全激励和考评机制。为鼓励员工主动创造价值，华为设计了一套科学公正的激励体系，除了极具市场竞争力的工资奖金，还包含 TUP、股权激励、即时激励等多种激励机制；同时建立了公正透明的业绩考核体系，定期评估责任中心的经营成果，将考核结果作为薪酬调整、管理层晋升以及资源配置的重要依据。

五是加强流程优化与监控。简化内部管理流程，减少决策层级，提高决策效率，使信息传递更加快捷准确；强化内部监控，通过财务数据和其他关键业绩指标来跟踪责任中心的实际运营状况，及时发现问题并采取改进措施。

六是强化人才培养与文化塑造。鼓励全员参与经营管理，提升员工的经营意识和自我管理能力，培养一支既能把握市场变化又能高效运作的团队；通过企业文化建设，倡导责任担当精神，形成自驱型的工作氛围，激发全体员工的积极性和创造力。

第五节　海尔集团 [①]

海尔集团（以下简称海尔）成立于 1984 年，经过数十年的发展和创新，目前已成为世界白色家电行业的领军者之一，并在全球范围内享有较高的品牌知名度和市场地位。

为应对商业环境中行为主体决策偏好的改变、供给与需求力量的变化、

[①]　本部分引自王能民、王梦丹、任贺松、何奇东、逄玺立：《海尔人单合一模式：基于数据驱动的大规模定制》，《工业工程》2022 年第 1 期，略有改动。

新技术变革和竞争要素的演变，海尔创始人张瑞敏于2005年提出了区别于古典管理理论的全新商业模式和管理理念，即人单合一；2013年，海尔将人单合一1.0升级为人单合一2.0，并延续至今。这一模式作为海尔的核心战略，最终帮助海尔在国内外市场取得了巨大进步。

一、人单合一1.0

2005年，海尔正处于全球化战略发展阶段，张瑞敏提出了"人单合一"的模式和自主经营体的概念，整个组织模式也变成以自主经营体贯穿始终的倒三角模式。

强调用户导向和价值创造。在人单合一模式中，"人"是指海尔的员工，"单"是指用户价值，"合一"就是合而为一的意思，是指员工的价值实现与所创造的用户价值合一，其本质是每个员工都直接面对用户，创造用户价值，员工是因用户而存在的。

划分自主经营体，充分授权与放权。自主经营体是独立自主的运营单位，也是一个实施自我管理的虚拟利润中心，不仅可以独立核算，还拥有充分的经营决策权，包括雇用和解聘员工的权利、费用的支配权、奖金的分配权等。每个自主经营体都需要在海尔内部注册和登记，自主经营体之间依靠买卖关系、服务关系和契约关系等市场经济规则运作。

海尔将自主经营体划分为三个级别，一切以用户价值创造为基础，采用倒三角模式进行倒逼，内部各自主经营体之间是一种契约关系，以契约机制来实现相互承诺、资源提供和高效协同。一级经营体主要包括研发部门、制造部门、营销部门的一线员工，他们拥有是否开发某项产品或服务的决策权，负责识别、创造用户个性化需求，满足用户价值需求，并且可以倒逼和评价二级经营体，让其提供资源和流程支持；二级经营体即平台经营体，主要负责提供即时资源，支持并融入一级经营体，也可以倒逼和评价三级经营体；三级经营体即战略经营体，也就是海尔的高层管理者，不再"发号施令"，而是要保证不同经营体之间能够有效协同，从源头上关注用户需求，进而与外部的用户需求串联起来，提升其竞争力。

自主经营体既是海尔人单合一管理的基础，也是实施人单合一管理的基本创新单元。这种模式不仅重新定义了企业，而且重新定义了企业与人的关系，在企业内部建立竞争市场，各个自主经营体之间以契约关系为纽带，以创造用户价值为最终目标，协同作业。

二、人单合一 2.0

2013 年，海尔处于网络化战略发展阶段，人单合一模式也随之进入 2.0 阶段，其核心诉求在于利用物联网、互联网、大数据等技术，扩大自主经营体的范围，搭建各利益相关方共生、共创、共赢的生态系统和平台，组织、嫁接、催化全球资源以驱动创新。

一是充分利用现代信息技术，发掘和满足用户的个性化需求。以物联网、"互联网 +"等技术为抓手，主动与用户交流，在互联网上开展调研，为顾客提供在线体验，建立用户需求收集和分析的渠道，为洞察用户需求建立基础；将单个产品需求集并为场景需求，并提供系统服务解决方案；借助物联网、互联网和大数据技术，在从产品设计到售后服务的全过程中增强用户黏性、增加顾客价值，最终实现对用户场景需求的精准掌握。

二是通过物联网、"互联网 +"和大数据等技术赋能。人单合一的重点是基于数据驱动的大规模定制。首先，模块化让大规模定制成为可能，海尔通过改革形成以模块为最小单位的生产模式，减少生产流程和缩短新产品开发周期，更迅速地响应用户需求。其次，利用互联网为大规模生产提升效率，物联网和数据自动分析处理等技术不仅能帮助企业准确把握市场需求，还能提升工厂智能化程度；同时通过分析工厂中传感器收集的制造数据，实时监控智能工厂的运行状态，并对异常情况即时处理。最后，基于工业互联网平台的供应链上下游协同让大规模制造模式顺畅运行。海尔通过平台向全世界供应商发布模块需求，并与一流供应商合作，实现原材料的顺畅采购。

三是通过组织变革提供动力。人单合一的扁平化、生态化组织，为"自主人"实现自我价值增加提供动力保障。为了更好地服务小微创客，为其提供高效全面的职能服务，海尔从直线职能制逐步发展成生态圈的组织变革。组织的扁平化既充分发挥小微创客的创造能力，又提升了组织的服务能力。"自主人"的主人翁意识得到认同后，会不断为组织注入活力，从而进一步壮大组织实力，最终形成良性的"链群生态圈"。

第六节　小结

深入分析各类企业构建中国特色现代企业制度下的新型经营责任制的先进改革经验，总结共性特征，可为公司构建全员新型经营责任制提供指引。

一是在制度构建方面，进一步完善中国特色现代企业制度，突出任期制和契约化管理、市场化选聘、经营业绩考核、薪酬管理等配套制度保障，确保治理有章可循、协调有序。

二是在考核内容方面，建立与契约化管理相适应的差异化考核指标体系，强调多维测评，压实考核目标。建立绩效指标常态化跟踪考评机制，实现精准考核，有效区分优劣。

三是在薪酬管理方面，建立刚性兑现的差异化薪酬分配机制，强调多种方式的正向激励，拉开薪酬差距。探索实施企业员工持股、科技成果作价入股、限制性股票激励、超额利润分享等中长期激励改革措施，激发核心人才创新创造活力。

第三章

商业二类企业构建新型经营责任制的
问题与挑战

第一节　商业二类企业深化改革面临的问题

一、国有企业功能界定与分类

界定功能，是国有企业改革的基础问题，涉及国有企业改革的性质、标准、途径、社会资源分配以及效益目标。根据《中共中央 国务院关于深化国有企业改革的指导意见》《关于国有企业功能界定与分类的指导意见》及国务院国资委相关规定，根据国有资本的战略定位和发展目标，结合不同国有企业在经济社会发展中的作用、现状和发展需要，将国有企业分为商业类和公益类。

商业类国有企业以增强国有经济活力、放大国有资本功能、实现国有资产保值增值为主要目标，按照市场化要求实行商业化运作，依法独立自主开展生产经营活动，实现优胜劣汰、有序进退。其中，主业处于充分竞争行业和领域的商业类国有企业为商业一类；主业处于关系国家安全、国民经济命脉的重要行业和关键领域、主要承担重大专项任务的商业类国有企业为商业二类。公益类国有企业以保障民生、服务社会、提供公共产品和服务为主要目标，引入市场机制，提高公共服务效率和能力。

自 2016 年开始至 2021 年，中央企业包括其权属公司陆续推动开展功能界定与分类，分类改革、分类发展、分类考核、分类监管取得了积极进展和成效，国有企业功能定位更加清晰，与市场经济融合更加深入。其中界定为商业一类的企业，聚焦充分竞争行业和领域，以市场化、国际化为导向，以市场引领者为目标，持续提升国有资产保值增值率；商业二类企业，聚焦重要行业和关键领域，以服务国家战略为重点，以完成重大专项任务为目标，持续提升国有经济的控制力和影响力；公益类企业，聚焦保障民生和服务社会，以提高公共产品和服务效率为重点，持续提供优质产品和服务。

从改革实践来看，首要任务是对国有企业的功能及分类进行精准定位，明确各类国企的发展目标。随着国家对国有经济进行深度战略性调整，国有企业要进一步提升综合实力和经济效益，促进国有经济与市场经济的深度融合，从而更加有效地发挥国有经济在国家战略部署中的核心支撑作用。

二、商业二类企业深化改革面临的问题

现阶段，我国商业二类国有企业在深化改革的进程中，依然面临一些问题和挑战，主要表现在以下几个方面。

1. 工资总额决定机制方面

尽管国资监管部门有关政策文件倡导在改革试点企业中探索更为灵活的工资总额管理方式，但在实际操作中仍面临诸多挑战，如工资总额基数的确定、增长率的执行等。这些问题限制了工资总额预算管理的灵活性和适应性，削弱了其应有的激励效应。

2. 绩效管理体系方面

当前，部分国有企业岗位职责尚不够清晰，量化标准不足，考核指标与实际业务运营情况联系不够紧密，导致考核指标较为简单、难以准确衡量员工的真实绩效和贡献度。绩效管理体系的科学性不足，影响了薪酬分配的公平性，特别是对那些在关键岗位上发挥重要作用的员工来说，他们的薪酬水平与市场价值还不能完全匹配。

3. 薪酬分配机制方面

由于缺少相应的岗位价值评估、岗位贡献度分析，现有的薪酬体系往往与员工的岗位级别、工龄和职称等传统标准挂钩，导致员工的薪酬差距较为

有限，难以真正体现员工的能力与贡献，存在不同程度的平均主义，这种局面会令员工感到"努力与回报不成正比"，从而影响员工的工作热情与工作积极性。

4. 激励措施效果方面

目前，许多企业的薪酬激励形式仍然以短期现金激励为主，激励形式不够丰富，缺乏对员工职业规划、团队梯次搭配与企业长远发展的全面考量。这种倾向忽视了员工的长远发展需求，不利于企业的健康可持续发展。同时，在新时代背景下，员工对个人成长、职业规划等非物质需求的期望日益增强，单一的货币性报酬已难以满足其内在需求。目前许多企业仍然将货币性收入作为对员工主要的激励手段，一定程度上忽视了非货币性激励的重要性。

《中共中央 国务院关于深化国有企业改革的指导意见》中提出，主业处于关系国家安全、国民经济命脉的重要行业和关键领域、主要承担重大专项任务的商业二类国有企业，要保持国有资本控股地位，支持非国有资本参股。

商业类国有企业，作为商业企业的一种，具有其特殊性。中央全面深化改革领导小组第十七次会议强调，商业类国有企业的目标是增强国有经济活力、放大国有资本功能、实现保值增值。这类企业按照市场化要求进行商业化运作，独立自主地开展生产经营活动，实现优胜劣汰、有序进退。改革方向包括实行公司制股份制改革，实现股权多元化，国有资本可以绝对控股、相对控股，也可参股，并推进整体上市。

商业二类企业大多处于重要行业和关键领域，一般而言都承担着国家重大专项任务，因此肩负着更加重大的使命责任。一是要重点发挥战略性支撑作用，以落实国家重大战略部署、保障国家安全和国民经济平稳运行为首要目标；二是要着重增强国有经济的影响力和控制力。

在商业二类企业改革中应重点关注以下内容。一是加大国有资本投入力度，加强关键核心技术攻关，加快布局涉及国计民生、重大国家战略的行业领域和前瞻性、战略性新兴产业。二是稳妥推进商业二类子企业混合所有制改革，保持国有资本在关系国家安全、国民经济命脉的重要行业和关键领域企业的控股地位。鼓励有一定自然垄断性质的企业，在具有相关资质的前提下，以参与公开招标、购买服务等方式，承担好国家重大专项任务。此外，要给竞争性环节业务"松绑"，引入外部投资者，促进资源以市场化方式配置。

三、自然垄断行业国有企业深化改革的重点、难点分析

自然垄断行业国有企业，主要涉及电力、电网、石油、天然气、邮政和烟草等行业，兼具公益性和经济性双重属性。2015 年 8 月 24 日，中共中央、国务院印发的《关于深化国有企业改革的指导意见》指出，对自然垄断行业，实行以政企分开、政资分开、特许经营、政府监管为主要内容的改革，根据不同行业特点实行运网分开、放开竞争性业务，促进公共资源配置市场化。由此可见，这类企业独特的资源垄断性决定了其更加需要强调市场化运营，通过市场化改革来促进资源优化配置。

（一）自然垄断行业国有企业改革的难点

自然垄断行业国有企业改革的最大挑战在于如何准确界定和区分竞争性业务，并有效推动其市场化运营。具体而言，面临的主要挑战包括以下几个。

一是聚焦主业，优化国有经济布局。由于自然垄断行业国有企业的市场垄断地位，构建市场化经营机制，提升运营服务和服务质量是改革的主要考量因素。近年来，尽管国有企业改革已经取得一定成效，但与民营企业相比，其效率仍有提升空间，核心竞争力有待加强。因此，需要聚焦主业，深耕细作，并适度拓展，以优化国有经济的整体布局。

二是混合所有制改革应追求实质性的效率提升，避免形式主义。通过员工持股计划、股权激励等措施，国有企业混合所有制改革已取得阶段性突破和显著成果，激发了国有企业的活力。但未来，需要更加注重这些改革措施的实际效果，确保其能够真正激发员工和管理层的积极性，有效提升企业运营效率，防止改革流于形式。

三是进一步完善基于现代企业制度的公司治理机制。尽管国有企业已经建立了职业经理人制度，但在某些国有企业中，外部董事、独立董事和监事仍存在一定程度的形式主义，需要发挥更加实质性的指导和监督作用。同时，通过员工持股计划提高员工参与公司治理和监督管理的主动性。

（二）自然垄断行业国有企业未来改革的重点

1. 完善中国特色现代企业管理制度

国有企业现代企业管理制度建设主要在企业改制、治理结构完善以及选人用人和激励约束等方面存在问题，需要积极探索相应的突破路径。一是在企业改制方面，通过资产清算、员工处置、债务清理、劳动关系梳理、"三供一业"分离转移等历史问题处置，以及企业经营和管理机制转变，拥抱资本市场，降低改革成本，规范经营机制。二是完善法人治理结构，通过授权经营管理、完善外部董事制度、构建现代企业治理模式，解决股东控制权不足、董事会职能不够清晰、监事会机制不够健全等问题，实现市场化与加强监管相结合。三是构建市场化选人用人机制，明确选人用人标准、拓宽选人渠道范围、规范选人用人流程、完善选人用人监督机制、加强人才培养等，推行职业经理人制度，实施市场化公开招聘，并规范实行聘任制和契约化管理，签订聘任协议和业绩合同，严格聘期管理和目标考核，实行市场化退出。四是引入市场竞争机制，优化激励约束机制，探索员工持股等方法，着力解决薪酬待遇水平不合理、绩效考核应用有限、缺乏长期激励、约束机制过于刚性、执行标准不一等问题，以激发员工积极性。

2. 推进国有经济布局优化和结构调整

优化国有经济布局是高质量发展的一个重要环节。在我国经济高速发展阶段，要素红利有效转化是经济快速发展的关键，并可推动相关关键性行业的形成与壮大。根据对重点企业的统计，无论是央企投资平台，还是地方国有投资平台，甚至民营投资平台，企业及其业务都集中在金融、房地产、交通、矿产、能源化工等具有稳定回报的基础性、资源性和关键性行业。

大力发展战略性新兴产业、推进新型城镇化建设、加快美丽中国建设已成为我国新一轮产业体系升级的主要方向，未来将对新业态基础体系建设产生巨大的需求。在发展战略性新兴产业方面，要积极推动新能源、节能产业、循环经济、地理信息等产业示范项目建设，以及人工智能、生物医药、大数据、云计算等产业基地和创新示范中心、新型产业园区建设。在新型城镇化建设方面，推进旅游、休闲、度假养生等特色小镇建设，以及供水、环卫、交通、道路、建筑等公共服务和城乡运营一体化建设。在美丽中国建设方面，加快城市系统、城市形象、城市美学和生态文明等生态城市建设，大力推进大气治理、污水处理、土壤修复、固废处理、循环利用等环境治理保护工作。

3. 积极稳妥地深化混合所有制改革

经过多年的探索，国家对于推进国有企业混合所有制改革逐渐形成三大发展要求。一是以稳妥推进作为主旋律，以坚持党的领导为根本原则，以避免国有资产流失为工作底线，以激发活力、提高效率为具体路径，按照"宜独则独、宜控则控、宜参则参"的要求，积极稳妥地推进混合所有制改革。二是坚持以解决问题为导向，破除机制约束，推动完善现代企业制度；增强活力，提高国有资本配置和运行效率；努力提升实力，各种所有制资本取长补短。三是严格遵守市场原则，坚持以市场为导向，不搞行政主导的"拉郎配"；坚持效益原则，提高资本运作效率，最终实现企业效益的增长和可持续发展。

从实践情况来看，混合所有制改革需要解决战略、程序、治理三大层面的问题。

首先是战略层面。一是在战略匹配上，以推进业务升级、企业转型、创新发展为目标。二是在资源识别上，重点考察合作方要素资源、能力水平、知识层级三个方面。三是在路径选择上，综合采用增资扩股、股权转让、整体上市或核心资产上市、可转债、股权置换、员工持股等多种方式。四是在对象筛选上，以坚持实现资源搭配和优势互补为导向，充分利用资金和资源优势，筛选并引进机制灵活、创新能力和市场开拓能力强的民营企业，具备国际资源、先进管理理念、掌握核心技术的外资企业，以及有利于促进企业股权多元化的基金等。其次是程序层面。一是严格遵守国有资产定价相关法律法规。二是依法妥善解决企业职工劳动关系调整、社会保险关系接续等问题，依法依规明确劳动关系处理原则。三是研究加强资产处置管理工作，解决国有土地授权经营、作价出资（入股）等方面的历史遗留问题。四是按照财税政策清理税务。最后是治理层面。一是在股权设计上，根据混改企业所在行业以及集团对企业控制力的要求设计，要规避平均主义，以减少国有资本与私人资本的内耗。二是在治理结构设置上，要明确"三会一层"的职能边界，同时建立完善决策机制，当利益和观点无法调和时，能够按照相关制度和规定（主要为公司章程），顺利完成企业决策。三是在选人用人与激励约束上，以职业经理人和员工持股为突破口，推进市场化选人用人制度改革。

4. 健全市场化经营机制

尊重市场经济规律和企业发展规律，紧紧围绕激发活力、提高效率，切实深化劳动、人事、分配三项制度改革，破除利益固化的藩篱，真正实现管理人员能上能下、员工能进能出、收入能增能减。一是强化国有企业市场主体地位，对企业发展战略、机构设置和制度建设情况进行全面梳理、调整和完善，加快形成反应灵敏、运行高效、充满活力的市场化经营机制。二是推行经理层成员任期制和契约化管理，全面实行任期管理，签订聘任协议和业绩合同，按照约定严格考核、实施聘任或解聘、刚性兑现薪酬，确保发挥契约化管理的重要作用。三是全面推进用工市场化，落实公开、平等、竞争、择优的招聘机制。四是完善市场化薪酬分配机制，优化并落实公司内部分配制度，健全并落实按业绩贡献决定薪酬的分配机制，营造优绩优酬的分配环境，实行全员绩效考核，一岗一薪、易岗易薪，破除平均主义、打破"高水平大锅饭"。五是灵活开展多种方式的中长期激励方式，强化业绩考核和激励水平"双对标"，实现激励与约束相统一。

5. 完善以管资本为主的国有资产监管体制

新一轮国有企业改革要求国资监管机构监管模式从"管企业"向"管资本"方向转变。在监管方式上，国资监管机构对国有企业的监管将从通过部门直接管理国有企业的管企业方式，转变为国资监管机构作为出资人代表通过委派股东代表、外部董事、监事等影响企业管理的管资本方式。重点从"放活"和"管好"两个方面开展。一是"放活"，通过改革授权经营体制，界定所有权、经营权边界，调整监管机构权责事项等手段激发企业活力。二是"管好"，通过创新监管方式和手段、改变行政化管理方式、改进考核体系和办法防止国有资产流失。在监管内容上，重点从资本的五个方面来实施监管。（1）管资本功能，发挥国有资本的杠杆作用，撬动社会资金，提升国有资本的影响力和活力，实现国有资本的保值增值。（2）管资本布局，推进国有资本向关系国家安全、国民经济命脉，以及国际民生行业集中，向战略性、前瞻性产业集中。（3）管资本回报，提高国资利润和国有企业经营效益，提升国有资本回报率。（4）管资本安全，重点关注海外资产的安全和收益问题。（5）管资本再平衡，重点关注国资产业布局调整、资本的流动和退出等问题。

"放管结合"是国有经济保持影响力和控制力的政策主线，而精准分类则是明确"放管"边界的重要基础。针对如何解决"国有与市场经营关系"这一深层次问题，不同类型的企业"放管"倾向有所不同。对于公益类企业，倾向于监管实物资产。对于商业类企业既有"放"的部分，也有"管"的部分，需要根据资产性质予以判断和区分。商业二类企业中，对于主业处于关系国家安全、国民经济命脉的重要行业和关键领域、主要承担重大专项任务的商业类国有企业，要保持国有资本控股地位，支持非国有资本参股；对于处于自然垄断行业的商业类国有企业，要以"政企分开、政资分开、特许经营、政府监管"为原则，积极推进改革，根据不同行业特点实行网运分开、放开竞争性业务，促进公共资源配置市场化，对需要实行国有全资的企业，要积极引入其他国有资本实行股权多元化。

第二节　构建新型经营责任制对电网企业发展的意义

一、落实电网企业改革工作的迫切需要

党中央、国务院一直强调，要深化国资国企改革，推动国有企业做强做优做大，提高企业核心竞争力。国企改革如果仍然只聚焦单点突破、局部优化，无法从根本上解放和发展生产力，无法带来整体性、全局性改善，这样的改革虽然能取得一定成效，但仍然是不彻底的，需要持续深化。国务院国资委也强调，改革工作不能"上热中温下冷"，深化基层生产经营责任制，充分调动基层主观能动性，着力破解改革工作重局部成果、轻整体效益问题，才能更高质量、更深层次推动国企改革工作落到实处。

从电网企业整体来看，以往商业二类企业"大而不强、全而不优、散而不强"的问题依然存在。当前，新一轮科技革命和产业变革深入发展，不断有前沿技术和颠覆性技术涌现、成熟、应用和扩散，催生新产品、新服务、新模式、新业态，以员工素质、技术装备水平为主要代表的生产力得到了较大提升，相应地，电网企业的技术水平、员工能力素质、电网网架结构也有了明显提升，以生产经营管理机制为重要代表的生产关系并没有根据生产力的发展及时进行优化调整，生产关系相对生产力的发展具有一定的滞后性，全要素生产率有待提高。

从经营责任制历史演进脉络和发展情况来看，国有企业经营责任制在不改变产权关系的前提下，通过充分授权放权的方式激发干部员工队伍活力，可以极大提升企业经营效益和效率。从组织效率提升方法来看，经历了"点—线—面"效率提升的认知和方法迭代，通过基于个体岗位分工的科学管理、流程优化的合工效率管理和组织责权利机制的变革及完善，用"组合拳"的方式全面提升生产率。

　　新形势下，构建完善经营责任制本质上是使生产关系适应生产力的发展，符合建设社会主义市场经济的客观需要。因此，电网企业应在深刻理解生产力与生产关系矛盾运动规律的基础上，围绕组织、流程和个体的责任管理体系优化，构建并完善全员新型经营责任制，积极探索实践适合商业二类企业与新质生产力内在规律更相适应的生产关系，推动企业改革工作走深走实。

二、实现电网企业高质量发展的重要举措

　　党的二十大报告指出，高质量发展是全面建设社会主义现代化国家的首要任务。深化国有企业改革，核心目的就是实现国有企业高质量发展。深化基层生产经营责任制就是要充分发挥基层的主观能动性，优化调整生产关系，解放和发展生产力，推动整体性、全局性效益提升。

　　电网企业肩负着保障能源安全的重要使命。从组织层面来看，过去企业集团强调一体化管理，呈现管理集约程度高、专业划分细、监督管控多等特点。基层电网企业具备事业部制的模型，但是在实际运作中，基层自主经营权限不足，较难发挥主观能动性。同时基层还存在生产经营意识不足、效益与薪酬关联性较弱、责任传递渠道不畅、责任考核评价与应用机制不健全等问题，总体来看就是市场化机制不够完善、责任制落实不到位。从个体层面来看，在当前管理模式下，电网企业部分干部员工工作主动性不强、经营责任意识不足，较少关注整体效益效率提升，积极性、主动性和创造性还没有充分发挥，潜力、内生动力仍有较大激发空间，主要问题在于责任制全员覆盖的力度不够。

　　综上所述，全员新型经营责任制本质上是对建立与新时代生产力相适应的生产关系的积极探索，是新时代实践中国特色现代企业制度理论创新、稳妥推进电网企业深化改革的重要形式和重要手段。

下　篇
实　践　篇

随着电力行业改革的深化和市场竞争的加剧，深圳供电局积极响应国家关于国企改革的号召，探索构建了全员参与、共担责任的全员新型经营责任制，推动深圳供电局实现市场化运营、提升经营效率和服务质量。

实践篇注重理论与实践的结合，重点回答一个核心问题——深圳供电局如何构建实施全员新型经营责任制。深圳供电局通过"经理层成员任期制和契约化管理—全员契约化管理—基层生产经营责任制改革"三个阶段的改革路径，构建了中国特色现代企业制度下具有商业二类企业特征的全员新型经营责任制，为商业二类企业市场化改革提供了"南网经验"和"深供样板"。

第四章

构建全员新型经营责任制的总体思路

第一节　基本情况简介

一、中国南方电网有限责任公司

中国南方电网有限责任公司（以下简称南方电网公司）是中央管理的国有重要骨干企业，由国务院国资委履行出资人职责。公司负责投资、建设和经营管理南方区域电网，参与投资、建设和经营相关的跨区域输变电和联网工程，为广东、广西、云南、贵州、海南五个省份和港澳地区提供电力供应服务保障；从事电力购销业务，负责电力交易与调度；从事国内外投融资业务；自主开展外贸流通经营、国际合作、对外工程承包和对外劳务合作等业务。

南方电网公司总部设有办公室等 20 个职能部门，以及南网总调中心（直属机构）；管理南网超高压公司、南网党校、南网北京分公司、南网共享运营公司 4 家分公司；广东、广西、云南、贵州、海南电网公司、深圳供电局，南网产业投资集团，鼎元资产公司，南网资本控股公司，南网国际公司，南网数字集团，南网供应链集团，南网能源院 13 家全资子公司；南网储能公司、南网能源公司、南网财务公司、鼎和保险公司、南网云南国际公司、南网科研院、广州电力交易中心、南网传媒公司、南网北京研究院 9 家控股子公司。员工总数近 27.9 万人。

南方电网公司覆盖广东、广西、云南等五个省份，并与香港、澳门地区以及东南亚国家的电网相连，供电面积约为 100 万平方公里，供电人口 2.73 亿人，供电客户 1.14 亿户。2022 年，全网统调最高负荷 2.23 亿千瓦，同比增长 3.05%；南方五省份全社会用电量 14746 亿千瓦时，同比增长 1.65%；非化石能源电量占比 52.01%。

南方电网的覆盖区域东西跨度近 2000 公里，网内拥有水、煤、核、气、风力、太阳能、生物质能、抽水蓄能和新型储能等多种电源。截至 2023 年底，全网统调装机容量 3.93 亿千瓦，110 千伏及以上变电容量 12.4 亿千伏安，输电线路总长度 25.8 万公里。南方电网交直流混联，远距离、大容量、超（特）高压输电，安全稳定特性复杂，驾驭难度大，科技含量高；公司掌握超（特）高压直流输电、柔性直流输电、大电网安全稳定运行与控制、电网节能经济运行、大容量储能、超导等系列核心技术，建成并运行世界第一个 ±800 千伏特高压直流输电工程、世界第一个 ±800 千伏特高压柔性直流输电工程，荣获国家科技进步奖特等奖，标志着南方电网在特高压输电领域处于世界领先水平。目前西电东送已经形成"八条交流、十一条直流"（500 千伏天广交流四回，贵广交流四回；±500 千伏天广直流、江城直流、禄高肇直流、兴安直流、牛从双回直流、金中直流，以及 ±800 千伏楚穗特高压直流、普侨特高压直流、新东特高压直流、昆柳龙特高压直流）19 条 500 千伏及以上大通道，送电规模超过 5800 万千瓦。

南方电网是国内率先"走出去"的电网。作为国务院确定的大湄公河次区域电力合作中方执行单位，南方电网公司积极落实"一带一路"倡议，不断加强与周边国家电网互联互通，持续深化国际电力交流合作。截至 2022 年底，公司累计向越南送电 402.12 亿千瓦时，向老挝送电 12.28 亿千瓦时，向缅甸购电 232.79 亿千瓦时，向缅甸送电 49.69 亿千瓦时。

从 2003 年到 2022 年，南方电网公司售电量从 2575 亿千瓦时增长到 12626 亿千瓦时，年均增长 8.7%；营业收入从 1290 亿元增长到 7647 亿元，年均增长 9.8%；西电东送电量从 267 亿千瓦时增长到 2156 亿千瓦时（最大电量 2305 亿千瓦时，2020 年）年均增长 11.6%。全网 110 千伏及以上变电容量从 2 亿千伏安增长到 12.4 亿千伏安，线路长度从 7.3 万公里增长到 25.8 万公里，分别增长了 5.2 倍和 2.53 倍。

南方电网公司连续 17 年在国务院国资委经营业绩考核中位列 A 级；连续 19 年入围世界 500 强企业，在 2023 年公布的榜单中位列第 83 位。

南方电网公司因改革而生、因改革而兴，改革是与生俱来的基因。长期以来，南方电网公司认真落实国务院国资委关于国企改革"双百行动"、科改示范行动以及国企改革三年行动等专项改革工作部署要求，以治理、活力、布局的深层次变革，带动思想、管理、形象的整体性跃升。

针对企业治理，南方电网公司在完善公司治理中不断加强党的领导。将中国特色现代企业制度建设作为统领公司改革发展的基础性工作，持续推动党的领导融入公司治理各个环节，切实将制度优势转化为治理效能。全面实现"党建入章"，以权责清单明晰党组（党委）"定"和"议"的具体事项，创新探索"制度审议、综合审议、一事一议"三种前置研究方式，有效把控风险，提升前置研究效率。同时，加大对分公司和子公司授权放权力度，建立四种差异化、精准化授权模型，规范治理型、管理型两种行权方式。针对所属各层级基层单位治理结构类型，首创六种不同治理结构的公司治理范本，区别分类施策，促进公司各类型、各层级企业治理水平整体提升。

南方电网公司持续激发企业活力，持续健全市场化经营机制。深化人事、劳动、分配三项制度改革，在各级分公司和子公司全面推行经理层成员任期制和契约化管理，部分供电局推广到全体员工，使全员背任务、背指标，人人有压力、有动力。积极落实百余项人才精准支持措施，在符合条件的科技型企业100%实施分红激励、股权激励，项目跟投实现"零的突破"。

南方电网公司针对业务布局，积极推进业务优化和结构调整。坚持全网一盘棋推进资产整合和专业化重组，积极进军战略性新兴产业；持续加强电网和相关新型基础设施建设投入，投资规模连年稳定在千亿元以上；加快建设数字电网，持续打造能源优化配置平台；分层分类规划建设一批新型电力系统建设示范区，发行全国首批碳中和债券。同时，加快推动国有资本向前瞻性战略性新兴产业集中，推动业务布局向能源产业价值链高端迈进，目前已在储能、绿色金融等领域形成一批具有核心竞争力和生态主导力的领军企业，在融入共建"一带一路"高质量发展中积极开拓国际市场，有力提升了公司国际化发展水平和全球竞争力。

二、深圳供电局

深圳供电局与深圳市一样，成立于 1979 年。为加快创建世界一流企业、更好服务深圳经济社会发展，在党的十八大召开之年（2012 年），南方电网公司将深圳供电局升级分立为直接管理的全资子公司。深圳供电局成为兼具省级电网公司和城市供电局双重定位的供电企业。

南方电网公司一直高度重视深圳供电局的工作。南方电网公司党组对深圳供电局提出"四个走在全网前列"（在进一步解放思想、加快创新发展上走在全网前列，在推动高质量发展、创建世界一流企业上走在全网前列，在深化改革、建立中国特色现代国企制度上走在全网前列，在全面提高党建工作质量、引领和保障一流企业建设上走在全网前列）的要求；同时还提出"成为比学赶超标杆"，"努力出经验、出效益、出质量、出人才"，"做到中国第一、世界最好"，"打造可复制、可推广的电网企业改革发展样板"的要求。深圳供电局的目标是到 2025 年率先全面建成具有全球竞争力的世界一流企业，到2035 年建成具有卓越竞争力的创新引领型世界一流企业。

深圳供电局承担着深圳市及深汕特别合作区的供电任务，供电面积 2421平方公里，2022 年资产总额 620.11 亿元，纳税总额 21.77 亿元，员工总数5074 人（包含 2023 年新员工 117 人），全员劳动生产率人均每年 228.31 万元；年人均售电量 2019 万度，全国最高；2022 年度电产值达 30.16 元 / 度，与总部经济占优的北京一同保持全国领先。

近年来，深圳供电局成功应对超强台风、特大暴雨等自然灾害侵袭，圆满完成党的十九大、庆祝中华人民共和国成立 70 周年、深圳经济特区建立 40周年、建党 100 周年和大湾区中秋电影音乐晚会等重特大保供电任务，切实履行了央企责任。深圳供电局积极投身改革，认真落实全国首个输配电价改革试点任务，积极开展前海增量配电网混合所有制改革，并成为全国唯一被纳入国务院国资委国企改革"双百行动"试点的供电企业。

深圳供电局将坚持以习近平新时代中国特色社会主义思想为指导，深入贯彻落实习近平总书记关于国资国企改革发展和党的建设重要论述及关于广东、深圳的重要讲话、重要指示精神，以融入和服务深圳"双区"建设、综合改革试点实施、前海全面深化改革为总牵引，以改革创新为根本动力，以满足人民日益增长的美好生活需要为根本目的，坚持系统观念，奋力实现"四个走在全网前列"、做到"中国第一、世界最好"，打造全国供电局的标杆和示范，努力在 2025 年全面建成具有全球竞争力的世界一流企业。

近年来，乘着改革开放的东风，深圳电网勇立潮头、追求卓越，逐步发展成为走在全国前列、持续先行示范的超大型城市电网，呈现"三最、三领先"的特点，谱写了新时代能源电力发展的新篇章。

用电营商环境全国最优。深圳"获得电力"指标自 2019 年国家营商环境评价启动以来始终保持全国第一；供电客户 365 万户，供电服务连续 12 年位居深圳市 40 项政府公共服务满意度第一名；先于南方电网基本建成现代供电服务体系；主动配合政府攻坚克难，两年完成全市 2172 个工业园区转供电改造，全国首创突破产权深入工业园区红线内实现用电综合服务到户，探索出通过供电改造清理不合理加价、有效降低企业用电成本的"深圳模式"，每年可为约 6 万家企业减少用电成本超 30 亿元，相关经验获国家发展改革委高度肯定并发文全国推广。政企协同加快实施城中村供用电设施改造工作，2023 年高标准高质量完成全市约 150 个城中村电力设施的升级改造。

客户停电时间全国最短。深圳供电局客户停电时间连续三年进入"半小时圈"，2022 年仅 16 分钟，继续领跑全国 50 个主要城市，优于纽约、巴黎等国际城市，"十四五"末目标为 10 分钟；罗湖、福田、南山和盐田等原关内区域整体进入 5 分钟水平，其中福田区历时五年从福田中心区 6 平方公里 2.5 分钟拓展为福田全行政区 78 平方公里低于 2.5 分钟，福田中心区进入毫秒级。深圳供电局建成 7 个高品质供电引领区，实现区域用户平均停电时间小于 1 分钟，电压合格率为 100%。

供电密度全国最大。深圳电网成为全国第五个最高负荷突破 2000 万千瓦及供用电量双双突破 1000 亿千瓦时的城市电网；2022 年深圳电网最高负荷2142.6万千瓦（2023年7月27日深圳电网负荷创历史新高，达2207万千瓦，同比增长3%）、全社会用电量1073.82亿千瓦时；负荷密度达1.07万千瓦/平方公里，位居全国大中城市首位，并高于新加坡；基本建成全国首个获国家能源局认可的坚强局部电网，建成国内首个高质量自愈型配电网。

绿色发展全国领先。深圳电网是典型的受端城市电网，西电东送2回直流线路落点深圳，每用3度电就有1度电来自西部清洁电力，同时通过4回400千伏线路、7回132千伏线路向香港输送100%清洁能源，约占香港总用电量的1/4。深圳境内拥有核电、气电及新能源电等多种结构电源，清洁能源装机比重为78.3%，高于全国平均水平25个百分点，非化石能源发电量占全社会用电量的59.8%，电力占终端能源消费的比重达47%，高于全国及全省平均水平。

改革创新全国领先。深圳供电局创建了全国首个输配电价改革试点、首个增量配电网混合所有制改革试点，是全国首个"双百企业"中的供电企业；获评国务院国资委"公司治理示范企业"，2021年和2022年连续2年获评国务院国资委"双百企业"专项考核最高等级"标杆企业"。获得中国电力科学技术奖二等奖。连续6年获南方电网公司科技进步一等奖。在超导电缆、国产绝缘料、数字电网等领域，深圳供电局突破"卡脖子"关键技术，32项核心技术达到国际领先或先进水平，创造多项全球首创、全国第一。建成南方五省区首个城市"双碳大脑"平台，揭牌成立国内首家虚拟电厂管理中心，配合政府打造全国首个"电力充储放一张网"平台。圆满承办2023年国际数字能源展，打造全球数字能源行业风向标。

第二节　全员新型经营责任制"14124"改革框架

深圳供电局瞄准构建中国特色现代企业制度下全员新型经营责任制这一目标，围绕责任分解、责任落实、责任评价与责任应用这一主线，坚持市场化方向、责权利对等、价值创造、活力激发原则，强化实施保障、监督管控、持续改进与数字平台关键支撑，以全员契约化管理和基层生产经营责任制改革为关键举措，按照紧抓"关键少数夯实经理层成员任期制和契约化管理""拓展至全体员工实施全员契约化""鼓励基层应用责任制改革方法自主创新"三个步骤，着力构建全员新型经营责任制，进一步激发广大职工活力动力，提升企业效率效益（见图4-1）。

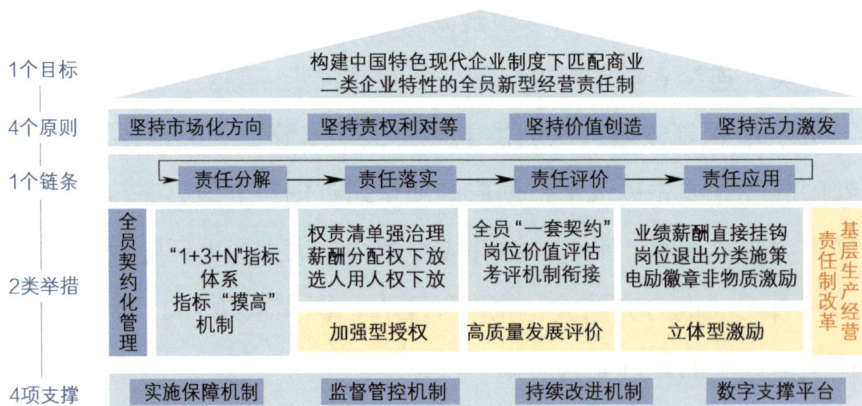

图4-1　全员新型经营责任制"14124"改革框架

一、1个目标

构建全员新型经营责任制，是深圳供电局在现代企业制度改革中的核心任务。这一目标旨在打造具有中国特色、符合商业二类企业特征的全员新型经营责任制。通过市场化、责权利对等、价值创造、活力激发的原则，实现企业内部权责明确、治理强化、激励有效。全员新型经营责任制的构建，不仅有助于提升公司的运营效率和市场竞争力，更体现了公司对于社会责任和可持续发展的重视。

二、4 个原则

深圳供电局在构建全员新型经营责任制的过程中，始终坚持以下 4 个原则。

坚持市场化方向，是全员新型经营责任制的前提条件。深圳供电局通过市场化的手段来优化资源配置，提升企业的竞争力和市场响应速度。市场化不仅意味着企业需要关注市场需求，捕捉市场机遇，还要求企业在内部管理上更加灵活高效，以适应不断变化的市场环境。

坚持责权利对等，是全员新型经营责任制的重要保证。责权利对等，意味着每个岗位、每个员工都应明确自己的职责和权力，并得到相应的利益回报。在深圳供电局的全员新型经营责任制中，每个员工都被赋予了明确的职责和权力，同时也可以获得相应的利益。这种制度设计，既要保证企业的高效运营，还要能激发员工的积极性和创造力。

坚持价值创造，是全员新型经营责任制的根本导向。价值创造是一切经营活动的核心和出发点，所有员工不仅要努力完成自身的本职工作，更要致力于通过管理创新、流程优化、服务升级等方式，持续不断地为公司创造实实在在的价值，助力公司经济效益和社会效益的双重提升。

坚持活力激发，是全员新型经营责任制的关键支撑。只有通过优化激励机制、创新管理方式、营造良好的工作环境和企业氛围等方式，充分调动员工的主观能动性，增强员工的归属感和幸福感，引导全体员工以主人翁精神参与到公司的各项经营管理活动中来，才能最大程度将员工的能力和潜力转化为组织的整体竞争优势，才能推动全员新型经营责任制有效落地实施。

三、1 个链条

在深圳供电局的创新实践中，"1 个链条"成为一个核心概念，它体现了全员新型经营责任制的整体构建与实施过程。这个链条层次分明，结构严谨，各个环节紧密相连，共同形成一个完整、高效的责任管理体系。

从定义上看，"1 个链条"指的是在全员新型经营责任制下，通过明确的目标、坚定的原则以及精细化的责任分解、落实、评价与应用，所形成的一种系统化、闭环式的责任管理机制。它不仅涵盖企业内部各个层级的权责分配，还涉及员工个人的责任承担与激励。

从内容上看，"1 个链条"包括了从责任分解到责任应用的各个环节。其中，市场化方向、责权利对等以及价值创造、活力激发这四大原则，构成了链条的基石。这些原则确保了企业在市场竞争中的敏锐度和灵活性，同时也保障了企业内部权责的明晰和高效运转。

从意义上看，"1 个链条"的构建与实践对于深圳供电局而言具有深远影响。它不仅提升了企业的治理水平和运营效率，更通过明确的权责划分和激励机制，激发了员工的积极性和创造力。这一制度的实施，为企业注入了新的活力，使其在未来的发展中更加稳健、高效。同时，"1 个链条"的成功实践也为其他企业提供了宝贵的可借鉴经验，丰富了中国特色现代企业制度的实践经验。

四、2 类举措

全员契约化管理和基层生产经营责任制改革是深圳供电局构建全员新型

经营责任制的关键举措。

全员契约化管理包含两个阶段性工作。一是聚焦"关键少数"，扎实推进经理层成员任期制和契约化管理；二是将责任制改革纵向扩展至全体员工，实施全员契约化管理，通过以上率下、全面覆盖，增强全员契约化意识，推动公司真正按照市场化机制运营。

基层生产经营责任制改革，则是立足当前基层单位运营存在的制度机制限制过多、自主决策权限不足、员工主人翁意识未根本性建立等关键问题，借鉴划小责任单元、加强授权激励等关键做法，将责任制改革方法从人延伸到组织，将承担生产经营任务的一线团队（即基层供电局）作为责任主体，充分授权放权，鼓励和支持基层在组织模式、制度机制、业务流程、作业标准、技术装备、人才培养等各个方面进行系统性创新实践，提升基层全要素生产率，加快推进公司高质量发展。

五、4 项支撑

深圳供电局在构建全员新型经营责任制时，四大关键支撑机制共同发挥着至关重要的作用，分别是实施保障机制、监督管控机制、持续改进机制和数字支撑平台。

实施保障机制，以"1+3+N"指标体系为核心，通过建立一套完善的指标体系和摸高机制，确保全员新型经营责任制的各项任务能够准确、高效地落实到各个层级和岗位，为整个责任制的顺利实施提供了坚实的基础。

监督管控机制则通过加强型授权的方式，强化了对责任制执行过程的监督和管理。这种机制确保了各级管理者在授权范围内行使权力，同时也加强了对权力运行的制约和监督，防止权力滥用和责任缺失。

持续改进机制以高质量发展评价为手段，对全员新型经营责任制的执行效果进行定期评估，及时发现问题并进行改进。这种机制不仅有助于提升责任制的执行效率，还能推动企业不断向高质量发展的目标迈进。

数字支撑平台则通过构建立体型激励机制，利用数字化手段对员工的绩效进行全面、准确的评价，并为员工提供多样化的激励措施。这种机制不仅可以激发员工的工作积极性和创造力，还可以为企业打造一支高素质、高绩效的团队提供有力支持。

第三节　全员新型经营责任制的特征解析

随着电力行业改革的深化和市场竞争的加剧，深圳供电局积极响应国家关于国企改革的号召，探索并实施全员新型经营责任制。这一制度的核心在于全员参与、共同承担责任，旨在推动深圳供电局实现市场化运营、提升经营效率和服务质量。全员新型经营责任制具有以下几个显著特征。

一、全员参与

深圳供电局的全员新型经营责任制最显著的特征之一，就是全员参与。从企业的最高领导层到一线工作人员，每个人都积极投身于企业的经营活动之中，共同承担责任，共同分享成果。这种全员参与的方式，不仅体现在日常的工作中，更体现在企业的决策过程中。

为了实现全员参与，深圳供电局首先建立了一套完善的责任体系。在这个体系中，每个员工的职责和权限都被清晰地界定，每个人都能够明确自己的工作内容和目标。同时，企业还鼓励员工提出自己的意见和建议，让员工参与到决策的过程中，从而增强员工的归属感和责任感。

此外，深圳供电局还注重对员工的培训和教育。通过定期的培训和教育，提升员工的专业素养和综合能力，确保员工能够胜任自己的工作。同时，培训和教育也是员工个人发展的重要途径，有助于员工实现自我价值。

全员参与的经营责任制，使深圳供电局的决策更加科学、合理，执行更加有力、有效。每个员工都深知自己的责任所在，都愿意为企业的发展贡献自己的力量。这种全员参与、共同构建责任体系的做法，为深圳供电局的稳健发展奠定了坚实的基础。

二、市场导向

深圳供电局全员新型经营责任制的另一个重要特征是市场导向。企业的经营活动紧密围绕市场需求和变化展开，通过优化资源配置来提升市场竞争力。

为实现市场导向，深圳供电局努力提升市场洞察能力，及时捕捉市场机遇和挑战，调整经营策略和目标。同时，加强与客户的沟通和合作，深入了解客户的需求和反馈，以便及时调整产品和服务策略。这种以市场需求为导向的经营方式，使深圳供电局能够更好地满足客户需求，提升市场竞争力。

此外，深圳供电局还加强与供应商的合作和管理，确保供应链的稳定性和可靠性。加强内部管理和流程优化，提高工作效率和服务质量。这些做法不仅提升了深圳供电局的市场竞争力，还使公司为客户提供了更加优质、高效的服务。

三、责任明确

责任明确是深圳供电局全员新型经营责任制的又一重要特征。在每个岗位上都要明确具体的工作职责和目标任务，确保各项工作得到有效落实。

为了明确责任，深圳供电局建立了完善的责任体系和考核机制。对每个岗位的工作内容和标准进行清晰明确的描述和界定，使每个员工都能清楚自己的工作内容和职责范围。这种明确的责任划分有助于避免工作中的推诿和扯皮现象，提高工作效率。同时，配以科学的考核机制和奖惩制度，进一步激发员工的工作积极性和创造力。

为了确保工作落到实处，深圳供电局还加大了监督和考核力度。通过定期检查和评估员工的工作表现，及时发现和解决问题，确保各项工作按照计划进行。这种严格的监督和考核机制有助于确保责任制的有效实施，推动企业稳健发展。

四、激励与约束并重

激励与约束并重是指在激发员工积极性和创造性的同时，加强对员工行为的规范和约束。

为了实现激励与约束并重，深圳供电局建立了完善的激励机制和约束机制。通过制定合理的薪酬和福利政策、设立奖励制度、提供晋升机会等方式，激发员工的积极性和创造力。同时，加强员工培训和教育，提升员工的专业素养和综合能力，为员工的职业发展提供有力支持。

在约束机制方面，深圳供电局制定了严格的规章制度和操作流程，规范员工的行为。加强内部监督和风险管理，防止不当行为发生。这些措施共同构成了深圳供电局激励与约束并重的经营责任制体系，有助于确保员工的行为始终符合企业的价值观和发展目标。

五、灵活、适应性强

灵活、适应性强是深圳供电局全员新型经营责任制的另一个重要特征。要求企业具备灵活应对市场变化的能力，能及时调整经营策略和目标以适应不断变化的市场环境。

　　深圳供电局加强了市场研究和分析能力，密切关注市场动态和行业发展趋势，及时发现和抓住市场机遇。同时，加强与政府、客户、供应商等利益相关方的沟通和合作，以便更好地把握市场需求和变化。在内部管理和流程优化方面，深圳供电局注重提高工作效率和服务质量，以适应市场的快速变化。此外，深圳供电局还建立了快速响应机制，以便在市场变化时能够迅速做出调整。

　　这种灵活、适应性强的经营责任制有助于深圳供电局紧跟市场步伐，把握市场机遇，实现可持续发展。同时，也有助于提升企业的竞争力和适应能力，应对未来市场的不确定性和挑战。

　　深圳供电局全员新型经营责任制具有全员参与、市场导向、责任明确、激励与约束并重以及灵活、适应性强等特征。这些特征共同构成了该责任制的基本框架和核心理念，有助于推动深圳供电局实现市场化运营、提升经营效率和服务质量。同时，也有助于激发员工的积极性和创造力，提升企业的整体竞争力和适应能力。通过全面实施这一责任制，深圳供电局将更好地应对市场挑战和抢抓机遇，实现稳健、可持续发展。

第五章

全员新型经营责任制的实施路径

深圳供电局解放思想、大胆探索，经过 4 年持续奋斗，逐步构建了全员新型经营责任制，回顾改革历程，共经历三个阶段。第一阶段聚焦"关键少数"，在南方电网公司率先实施经理层成员任期制和契约化管理，以"前三排"破局带动整体提升。第二阶段覆盖全体员工，探索实施全员契约化管理，全面激发不同层级、不同类型员工的活力动力。第三阶段激活基层组织，将责任制改革方法从个体延伸到组织，探索实施基层组织生产经营责任制改革，进一步激发基层组织积极性、主动性和创造性。

第一节　经理层任期制和契约化管理

自入选国企改革"双百行动"以来，深圳供电局积极拥抱改革，但在改革初期，因为思路不清晰、路径不明确，导致改革进展缓慢。2020 年，国务院国有企业改革领导小组办公室印发了《"双百企业"推行经理层成员任期制和契约化管理操作指引》，为国企改革加速"破冰"提供了有力指引。深圳供电局迅速落实，聚焦经理层成员这个"关键少数"，在南方电网范围内率先推行任期制和契约化管理，充分授权力、给压力、添动力，激发经理层"谋经营、抓落实、强管理"的作用，为公司高质量发展提供坚强支撑。

一、工作思路

落实党中央、国务院关于实施国企改革三年行动的重大决策部署，深入贯彻国务院国资委关于国有企业经理层成员任期制和契约化管理的有关精神，紧紧抓住经理层任期制和契约化，聚焦"关键少数"精准发力，建立以契约为核心的权责体系，实施与经营业绩紧密挂钩的差异化薪酬激励措施，实现优胜劣汰、能上能下，促进经理层不断提升经营管理能力和业绩。

二、实践难点

由于缺少商业二类企业经理层成员任期制和契约化管理的成熟经验，在推进经理层成员任期制和契约化管理的初期，面临不少困难。对此，深圳供电局经过系统复盘、反复推演，总结出四方面问题症结。一是责任和权利不匹配。现行机制对经理层授权不充分，导致经理层没有信心完成目标任务，制定契约责任时趋于保守。二是考核指标任务以承接上级考核要求为主，缺乏结合本地实际的系统谋划和科学设计。三是薪酬未充分体现岗位价值。管理人员的基薪仅与岗位层级挂钩，难以体现同层级但不同职责的岗位之间的价值差异。四是刚性退出机制尚不健全。退出情形较为宽松，对经理层约束效果不足；虽有刚性退出条款，但缺乏可操作的机制，导致真正落地时各治理主体和流程不够明确。

三、具体举措

（一）责任分解

1. 坚持"四性"原则，系统完善指标体系

一是承接性。深圳供电局立足经理层成员岗位职责和分工开展指标承接和分解工作，有效承接南方电网公司战略规划和考核内容，将29项南方电网公司考核指标任务、32项战略规划指标（除非经营性指标和非强相关指标外）全部纳入经理层成员考核指标（见图5-1）。

二是平衡性。应用平衡计分卡对全部考核指标进行充分分析，补充考核人均素质当量、获得电力指数、科技创新指数等创新、成长类指标，确保财务效益、客户服务、人才成长、内部运营各维度指标相对平衡，确保各经理层指标数量相对平衡（见图 5-2）。

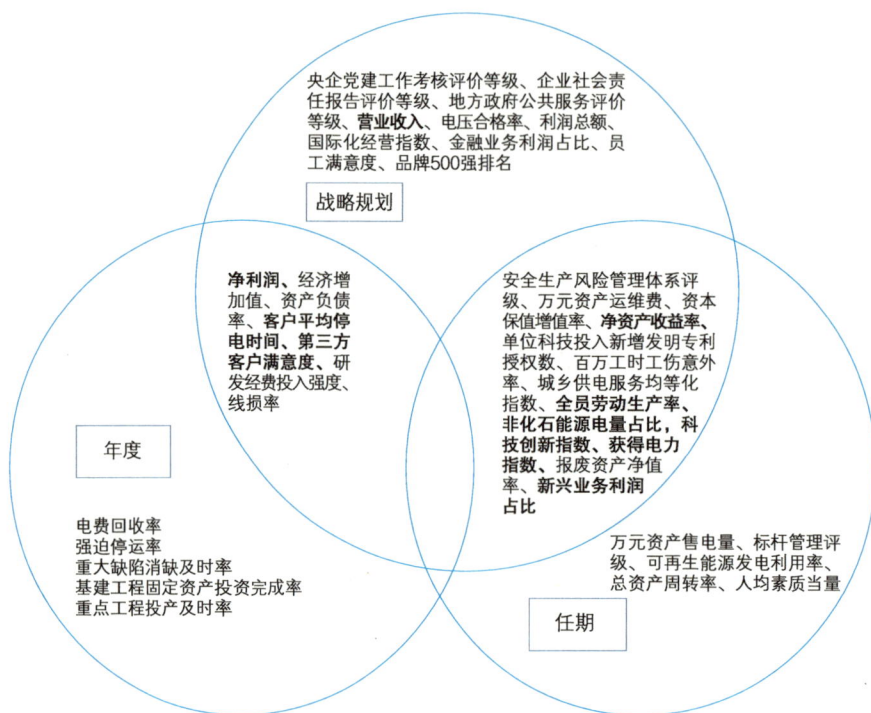

战略规划

央企党建工作考核评价等级、企业社会责任报告评价等级、地方政府公共服务评价等级、**营业收入**、电压合格率、利润总额、国际化经营指数、金融业务利润占比、员工满意度、品牌500强排名

净利润、经济增加值、资产负债率、**客户平均停电时间、第三方客户满意度**、研发经费投入强度、线损率

安全生产风险管理体系评级、万元资产运维费、资本保值增值率、**净资产收益率**、单位科技投入新增发明专利授权数、百万工时工伤意外率、城乡供电服务均等化指数、**全员劳动生产率**、非化石能源电量占比，**科技创新指数、获得电力指数**、报废资产净值率、**新兴业务利润占比**

年度

电费回收率
强迫停运率
重大缺陷消缺及时率
基建工程固定资产投资完成率
重点工程投产及时率

万元资产售电量、标杆管理评级、可再生能源发电利用率、总资产周转率、人均素质当量

任期

图 5-1 组织绩效考核内容

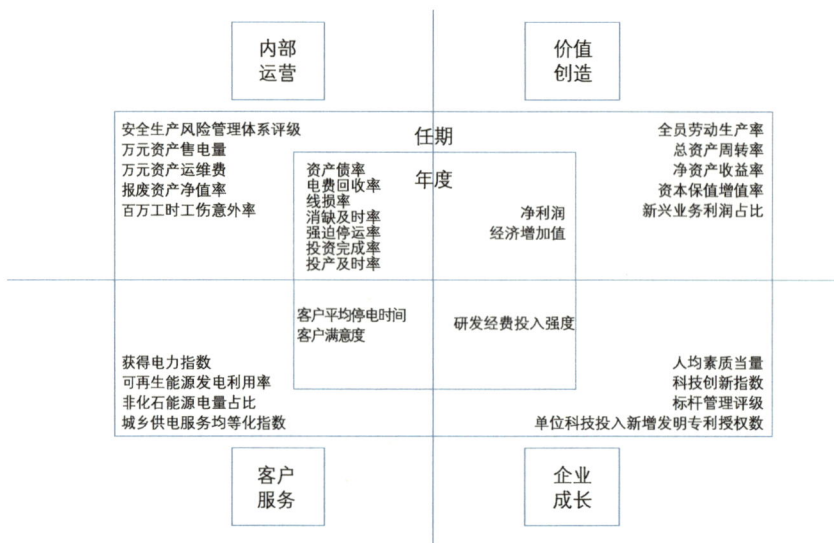

内部运营

价值创造

安全生产风险管理体系评级
万元资产售电量
万元资产运维费
报废资产净值率
百万工时工伤意外率

任期

年度

资产债率
电费回收率
线损率
消缺及时率
强迫停运率
投资完成率
投产及时率

净利润
经济增加值

全员劳动生产率
总资产周转率
净资产收益率
资本保值增值率
新兴业务利润占比

客户平均停电时间
客户满意度

研发经费投入强度

获得电力指数
可再生能源发电利用率
非化石能源电量占比
城乡供电服务均等化指数

人均素质当量
科技创新指数
标杆管理评级
单位科技投入新增发明专利授权数

客户服务

企业成长

图 5-2 平衡计分卡指标维度

三是挑战性。按照"跳一跳、摸得着"的原则，体现深圳供电局"走在前列"的定位和要求，把南方电网公司考核的满分值当作基本值，把南方电网公司考核的挑战值当作满分值，确保各项指标按最高分管控。

四是衔接性。年度考核与任期考核适当区分、有效衔接，任期考核重点关注价值创造、中长期发展战略、风险控制等内容，年度经营业绩考核有效分解和承接任期经营业绩目标，更加突出发展质量效益、过程管控。

2. 制定"三基三衔"策略与"摸高"机制，科学设定指标值

经理层经营业绩目标的设置是任期制和契约化管理的关键，直接决定了经理层成员努力的方向与高度。

深圳供电局制定了"三基准、三衔接"策略，即"基本值"以历史经营业绩为基准，与上级下达指标有效衔接；"满分值"以行业标杆为基准，与行业水平有效衔接；"挑战值"以发展规划为基准，与中长期发展目标有效衔接。通过科学设置3档经营业绩目标值，推动经理层成员业绩目标与企业发展目标无缝衔接、逐级提升，引导经理层成员走出"责任舒适圈"，充分发挥考核"指挥棒""风向标"的作用。

同时，搭建"摸高"机制，鼓励各领域超越自我、"跑赢大盘"，让"躺平不可取"变为"躺赢不可能"。按照"五个不低于，一个赶超"标准（不低于集团考核值、不低于历史完成值、不低于战略分解值、不低于计划预算值、不低于行业对标年度目标值，同时赶超国际先进水平）设置经理层考核指标，推动经理层成员在工作中不断追求卓越、攻坚克难。

【案例】

以"低压客户平均停电时间"考核指标为例，对照南方电网公司经营业绩考核目标值（26.4分钟）、战略规划目标值（20分钟）、计划预算目标值（20分钟）、历史最好完成值（22.8分钟）、行业对标目标值（30分钟）、国际领先目标值（30分钟），最终将该项指标的目标值设定为20分钟（见图5-3）。

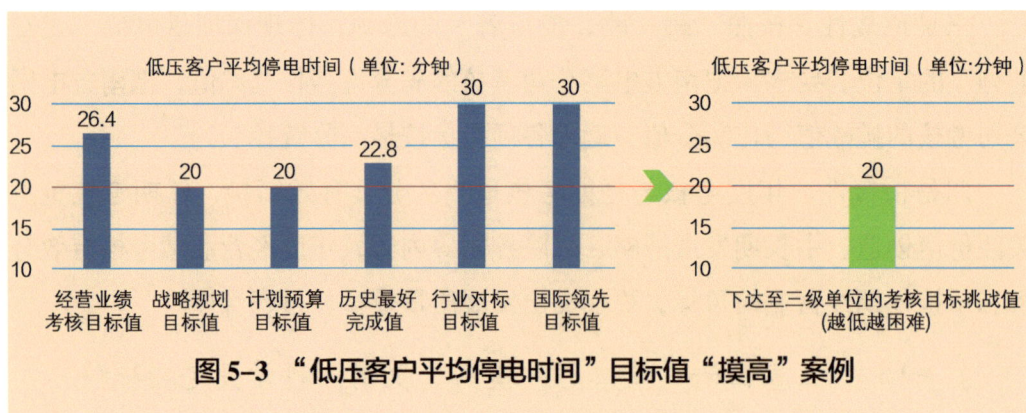

图 5-3 "低压客户平均停电时间"目标值"摸高"案例

3. 构建指标分解传递机制，支撑战略落地执行

深圳供电局基于指标传递路径及贡献度"两个维度"构建指标分解传递机制，按照"五个步骤"逐级分解指标：第一步确定一级指标及分管的经理层成员；第二步分解确定二级指标及责任单位；第三步确定责任单位负责人，并评估贡献度；第四步分解确定三级指标、责任人及贡献度；第五步讨论确定指标的内容、分工及权重，最终明确指标的各级责任人及权重，实现目标层层分解、责任层层传递。

（二）责任落实

1. 构建授权管理体系，厘清权责界限

立足岗位职责差异，深圳供电局构建了权责清晰、权责对等的"1+5+N"授权管理体系，即"1 份治理主体权责清单 +5 份子清单 +N 项议事制度"，确保"权责法定、权责透明、协调运转、相互制衡"，充分发挥经理层谋经营、抓落实、强管理的作用。

一是坚持责权利对等原则，构建"1 份总清单 +5 份子清单"的治理主体权责清单体系。系统梳理和完善"治理主体权责清单"，进一步明确各主体的权责事项，确保其"照单办事"，实现清单之外无权力、隐性权力显性化、权责边界清晰化、权责量化具体化、清单查询数智化。制定经理层权责子清单，

包括落实《公司法》和公司章程规定的经理层权责事项及承接董事会授权总经理的决策事项。坚持"授权不前置,前置不授权"的原则,对于政策要求明确、具体标准清晰的授权事项,党组织不再前置研究讨论,进一步提升决策效率。

二是以制度形式保障经理层行权履职。制定董事会授权管理细则,明确将日常经营性、频次高、风险低的权责授予总经理,并规范授权程序,确保对经理层规范授权、科学授权。制定总经理办公会议事规则,固化经理层职责,规范总经理会议决策执行程序,从制度层面切实保障经理层行使生产经营管理、实施董事会决议等职权。经董事会授权后,董事会议减少62%,议题数量减少36%。总经理办公会增加140%,议题数量增加260%,有效发挥经理层经营管理作用。

三是建立行权报告闭环管控机制。经理层至少每半年向董事会报告行权情况、董事会决议执行情况和企业生产经营情况,重要情况要及时报告。

2. 加强干部队伍管理,促进履职担当

兴企之道,首在用人。深圳供电局立足公司实际,通过完善选人用人机制、加大干部培养锻炼力度、加强干部管理与监督等关键举措,持续强化干部队伍建设,推动干部队伍切实承担起责任,尽职尽责。

(1)健全选人用人制度体系

深圳供电局积极贯彻落实国务院国资委和南方电网公司选人用人制度及最新要求,结合公司实际修订印发《深圳供电局有限公司能上能下管理办法》《深圳供电局有限公司公开选拔、竞争上岗管理实施细则》《深圳供电局有限公司关于建立容错纠错机制激励干部担当作为的实施意见》等20余项选人用人管人制度文件,切实将新精神、新要求落到实处。此外,深圳供电局还编制印发《2020—2024年深圳供电局有限公司所属单位领导班子建设规划》《深圳供电局有限公司干部队伍建设规划》《深圳供电局有限公司发现培养选拔优秀年轻干部工作方案》等文件,明确干部队伍建设的目标、方法和工作举措,切实保证干部队伍建设的方向。

（2）构建"能上能下"的新局面

坚持"能上"显效度。深圳供电局持续发挥党组织在选人用人工作中的领导和把关作用，不折不扣做好"规定动作"，全面落实"两个不得""三个不上会""凡提四必""五个不准"等要求，规范干部选拔任用工作流程。

坚持"能下"显力度。干部制度改革中，"能下"是重点兼难点。深圳供电局畅通干部退出渠道，鼓励退出现职务的干部到专项工作岗位等新岗位发挥作用；打通干部人才"立交桥"，鼓励干部向专家通道发展，发挥高技术技能干部在人才培养、科研创新方面的经验优势。精准稳妥推进干部"下"，结合各单位近三年的绩效考核结果、干部综合考核评价结果、经营业绩考核结果、干部岗位"大练兵"排名、干部履职排名，以及干部日常表现、担当作为等因素，精准做出干部末等调整或不胜任退出研判。

坚持关怀增温度。干部管理既要严，也要暖。深圳供电局充分发挥各级党组织作用，通过深入的谈心谈话等措施，纾解干部心理负担，确保队伍团结稳定，保障工作局面平稳有序。创新建立专项工作运作机制，干部"免职退出"后，根据其工作经历经验和能力特长，合理地安排其负责专项任务、项目实施等具体工作，使其继续发光发热。

（3）全面开展干部历练培养工作

"刀要在石上磨、人要在事上练"。深圳供电局建立了干部常态化"大练兵"机制。通过积极开展直属单位内设机构负责人"大练兵"，利用集中培训、实践评价、考核评价、谈心交流等方式，提升干部的履职能力和业务水平；围绕各专业领域重点工作、重点指标落实情况以及所在领域当前管理重点难点，进行阶段性跟踪评价；定期组织相关专业领域干部就全年工作开展情况谈做法、谈成效、谈思考，进行述职答辩。

为破解"中梗阻"难题，深圳供电局建立了干部常态化轮岗交流机制。通过制定各业务领域、同类型单位干部交流轮岗工作计划，加大职能部门与基层单位间的双向交流力度，根据干部任职经历和专业特长，合理安排干部到各个领域交流锻炼，三级单位领导班子中交流干部比例超过半数。落实南方电网公司"百千人才去基层到西部计划"，选派优秀干部到南方电网公司总部和西部兄弟单位挂职，注重开展公司内部轮岗交流，促进干部全方位锻炼成长。

培养选拔优秀年轻干部是一件大事，关乎党的命运、国家的命运、民族的命运、人民的福祉，是百年大计。深圳供电局积极挖掘培养使用优秀年轻干部，通过修订印发《关于适应新时代要求大力发现培养选拔优秀年轻干部的工作方案》等指导性文件，进一步完善和健全现有的年轻干部发现培养体系。组织开展新一轮年轻干部专题调研，严格审核把关人选情况，动态调整优秀年轻干部库。创新构建"电力人才培养发展（DEEP）路径图"，探索研究优秀年轻干部成长规律，优化公司年轻干部人才培养发展路径，促进年轻干部经风雨、见世面、壮筋骨、长才干。

（4）从严从实开展干部监督指导

干部责任越重大、岗位越重要，越要加强监督。深圳供电局全面规范领导干部亲属经商办企业行为，修订印发管理制度，健全完善个人报告、组织核查、选择退出等长效机制。明确纪律"红线"，扩展监督范围，将关键岗位人员纳入监督，从源头上切断利益输送链条，规范和制约权力运行。在全面落实深化"化公为私"问题专项整治工作要求基础上，开展规范员工经商办企业问题专项整治，对公司全体干部员工开展排查，并完成排查发现问题的整改。紧盯"关键少数"，制订加强对"一把手"和领导班子监督工作清单。坚持抓早抓小抓预防，严格落实谈心谈话、提醒函询诫勉等制度，及时对干部咬耳扯袖、提醒帮助，为干部合规履职、健康成长保驾护航。

3. 签订聘任 / 任职协议，强化任期管理

深圳供电局立足岗位职责差异，分层分类开展任期管理。在公司层面，由公司董事长代表董事会与经理层成员签订"岗位聘任协议"，约定聘任岗位、聘任期限、职责权限、工作目标、薪酬待遇、履职保障、竞业禁止及其他责权利等

事项。聘任期限与南方电网公司负责人的经营业绩考核周期（3年）保持一致。

在公司所属单位层面，经公司授权，由公司总经理与所属单位主要负责人签订"岗位任职协议"，由所属单位主要负责人与本单位其他经理层成员签订"岗位任职协议"，任期3年。"岗位任职协议"约定任职岗位、任职期限、职责权限、工作目标、薪酬待遇、履职保障、竞业禁止及其他责权利等事项。所属单位经理层成员无正当理由未在规定时间内完成协议签订的，视为自动放弃本岗位。

4. 签订经营业绩责任书，实行契约化管理

推行任期制和契约化管理是完善中国特色现代企业制度的重要内容，深圳供电局积极推动经理层成员签订经营业绩责任书，实行契约化管理。

在公司层面，公司董事会授权董事长与总经理签订经营业绩责任书，授权总经理与其他成员签订经营业绩责任书；在公司所属单位层面，由公司总经理与所属单位主要负责人签订经营业绩责任书，由所属单位主要负责人与本单位其他经理层成员签订经营业绩责任书。

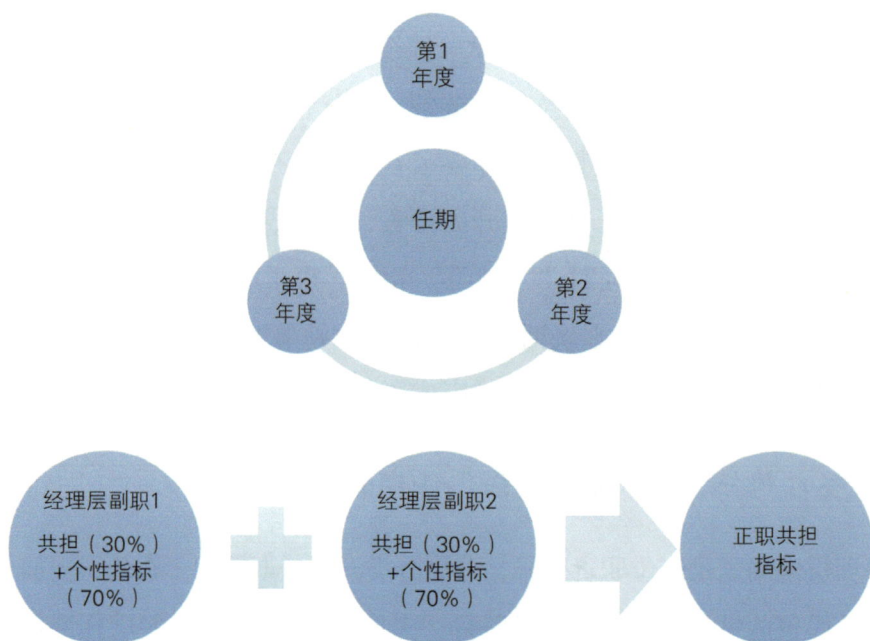

图 5-4　经理层正职和副职经营责任差异

同时，重点考虑班子成员完成经营业绩指标的整体性、分管领域重点工作任务完成情况的差异性以及个人对公司经营业绩指标贡献程度的主观能动性三个方面，在经营业绩责任书中对经理层正职和副职加以区分，明确正职主要承担本单位整体考核指标任务，副职主要承担分管业务领域考核指标任务。例如，经理层正职全面承接本单位的年度经营业绩考核指标，经理层副职共同承担本单位的年度经营业绩指标，共性指标权重为30%，确定2个指标（利润总额和全员劳动生产率，各占15%）作为共性指标（见图5-4）。

年度经营业绩责任书原则上一年一签订，主要包括基本信息、考核内容及指标、考核指标的目标值、确定方法及计分规则、考核实施与奖惩等内容。任期内，若发生经理层成员分工调整、经营业绩指标调整、生产经营情况变化等情况，可以根据实际情况对任期、年度经营业绩责任书进行调整，重新履行签订程序。

（三）责任评价

1. 制定考核规则，强化分层分类考核

深圳供电局对年度考核和任期考核进行了明确区分，任期考核侧重于中长期发展战略实施，重点关注企业中长期发展能力；年度考核侧重于企业经营业绩和质量效益，强调对任期经营目标的分解和承接。

（1）年度经营业绩考核

一是公司层面，经理层成员年度经营业绩考核由考核指标、约束指标、重点任务、加扣分事项和红线事项五部分组成。其计算公式为：

年度经营业绩考核得分 = $\sum$考核指标得分 × 80% + $\sum$重点任务考核得分 × 20% - 约束指标扣分 + 加扣分项得分

其中的权重可结合实际适当调整，但考核指标占总的权重不得低于60%。

约束指标为扣分项，不占权重，主要对应公司年度经营业绩考核方案的约束性指标。

加分事项为经理层成员经营业绩考核得分基础上的额外加分，主要依据南方电网公司对下属公司的年度经营业绩考核加分及经理层成员的贡献度确定。下属公司因科技创新取得重大成果、承担重大专项任务取得突出成绩、破解重大经营难题做出突出贡献等，被南方电网公司给予额外奖励加分的，对做出贡献的经理层成员可在个人经营业绩考核得分基础上额外加分。经理层正职加分幅度原则上为公司加分分值，经理层副职加分幅度不低于经理层正职加分分值。

红线事项不占权重。对于触发公司经营业绩不得评定为 A 级的红线事项，属于经理层成员个人分管业务领域的，扣分分值原则上不得低于经营业绩责任制考核方案中约束性指标的最高扣分值或公司实际扣分值。对于触发公司经营业绩直接评定为 C 级的红线事项，属于经理层成员个人分管业务领域的，经营业绩考核结果应当认定为不合格，且考核得分不得高于 80 分。

因同一事项同时触发约束指标、红线事项等扣分的，按最高扣分值执行，不累计扣分。

二是在公司所属单位层面，经理层成员年度考核内容由考核指标、重点任务和红线事项三部分组成。主要负责人年度考核原则上考核指标权重为 80%，重点任务权重为 20%，可结合实际适当调整，但考核指标占总的权重不得低于 60%；其他经理层成员年度考核原则上考核指标权重为 80%，重点任务权重为 20%，可结合实际适当调整，但考核指标占总的权重不得低于 60%，且引用总经理年度经营业绩考核得分的权重为 30%。

（2）任期经营业绩考核

经理层成员任期考核包括任期考核指标和任期内各年度业绩考核结果两部分。其中，任期考核指标的权重为 80%，任期内各年度业绩考核结果的权重为 20%，任期内各年度业绩考核结果得分为任期内各年度考核结果的平均值。其计算公式为：

任期经营业绩考核得分 = 任期考核指标得分 ×80%+ 任期内各年度业绩考核结果平均得分 ×20%

2. 固化长效机制，规范考核管理

修订完善《公司经理层成员经营业绩考核管理规定》《公司经理层成员任期制和契约化管理规定》及相关工作指引文件，细化经理层成员典型考核指标的评分标准，理顺考核流程、明确职责分工，持续优化和规范经理层任期管理、契约管理、薪酬管理、退出管理等内容。

（四）责任应用

1. 实行结果定级，拉开薪酬差距

（1）年度经营业绩考核定级

深圳供电局对经理层成员的年度经营业绩考核得分进行百分制折算，并据此确定考核等级，考核等级分为优秀、称职、基本称职、不合格四个档次。只有当深圳供电局本级经理层成员个人年度考核得分在90分（含）以上且所属单位的经理层成员个人年度考核得分在95分（含）以上时，才可确定为优秀；经理层成员个人年度考核得分为85分（含）～90分的评为称职；80分（含）～85分的评为基本称职；80分以下或任一主要考核指标未达到完成底线的评为不合格；个人年度考核得分或考核主要指标得分70分以下为未达到完成底线。

深圳供电局始终坚持组织绩效与个人业绩联动，并强制规定考核的比例分布。当经理层成员所在单位年度经营业绩考核结果为A级时，原则上经理层优秀比例不超过30%（按分数排序，按四舍五入计算人数），其余可评为称职，不强制规定基本称职及以下人数；当经理层成员所在单位年度经营业绩考核结果为B级时，原则上经理层优秀比例不超过20%（按分数排序，按四舍五入计算人数）；当经理层成员所在单位年度经营业绩考核结果为C级时，不可评出优秀。

（2）任期经营业绩考核定级

按照百分制折算，经理层成员任期考核得分在 90 分及以上且不超过经理层成员总人数 30%（按分数排序，按四舍五入计算人数）的评为优秀；个人任期考核得分为 85 分（含）～ 90 分的评为称职；80 分（含）～ 85 分的评为基本称职；80 分以下的评为不合格。

2. 坚持按岗绩定薪，体现价值导向

突出岗位及业绩导向，坚持薪酬 100% 与岗位、业绩挂钩。牢固树立"要薪酬就得要业绩"的理念，经理层坚持"一个挂钩、一个脱钩（薪酬激励与岗位及业绩直接挂钩、与综合评价脱钩）"，构建"两个联动"机制，不看身份、不看级别，只看岗位和贡献。

（1）岗位联动，差异化设定岗位系数

深圳供电局立足岗位责任，充分借鉴美世国际职位评估法和海氏三要素评估法等国际先进的岗位价值评估方法，结合电网企业特点，从影响力、沟通难度、解决问题能力、任职条件、风险大小等五个维度，定制岗位价值评估模型，并根据评估结果分档赋予 1 ～ 1.15 不同的岗位系数，真正体现"岗位与岗位不一样"。同时动态开展岗位价值评估，经理层成员在任期初统一开展岗位价值评估，任期内岗位职责发生变化的，根据实际需要动态开展评估。在改革的进程中，结合改革力度动态调整岗位价值评估结果的应用。经理层成员岗位价值评估得分的计算方法如下所示：

经理层成员岗位价值评估得分 ＝ 影响力得分 ＋ 沟通难度得分 ＋ 解决问题能力得分 ＋ 任职条件得分 ＋ 风险大小得分

■ 影响力权重为 30%，影响力得分 ＝ 贡献度得分 × 管理部门系数 × 人员规模系数 × 影响层次系数

■ 沟通难度权重为 20%，沟通难度得分 ＝ 沟通情形得分 × 沟通性质系数

■ 解决问题能力权重为 20%，解决问题能力得分 ＝ 解决问题要求得分 × 复杂

性系数

- 任职条件权重为 20%，任职条件得分 = 任职要求得分 × 团队角色系数
- 风险大小权重为 10%，风险大小得分 = 不得评为 A 级的红线事项个数 × 0.2× 风险系数 + 直接评为 C 级的红线事项个数 ×0.4× 风险系数

（2）业绩联动，使业绩薪酬有效挂钩

坚持绩优厚得、绩差少得甚至不得，合理拉开收入差距，不搞"普涨行情"。将经理层成员浮动工资占比由原来的 60% 提高至 80%，分档设定个人业绩考核系数，并据此确定薪酬档位，考核优秀的原则上不低于平均水平的 1.2 倍。对于年度、任期经营业绩考核不合格的，扣减全部绩效薪金、任期激励。2023 年深圳供电局公司本级经理层成员收入倍差达到 1.87。

3. 明确退出程序，强化刚性兑现

为深化应用考核结果，推动考核结果与刚性退出强关联，深圳供电局在落实上级"双 70""双 80"等 5 类退出情形的基础上，结合实际增加"双末位"退出情形，经理层成员所在单位年度经营业绩排名末位，且本人业绩在本单位也排在末位时，即使契约指标任务全部完成，仍会触发刚性退出流程。

在退出程序方面，针对以往只关注退出情形而缺乏退出操作性程序的问题，深圳供电局坚持党管干部原则与市场化选人用人机制相统一，厘清各治理主体的角色定位，明确发起、审核、执行等流程，确保退出流程具体可操作。经理层成员退出的程序为：经理层成员业绩考核结果经公司董事会审定后报上级党组织备案，上级党组织对触发退出情形的经理层成员提出调整建议，经公司董事会提名委员会研究后向董事会提出建议，最后由公司董事会审议决定（见图 5-5）。经理层成员的退出规则如下。

①年度经营业绩考核结果未达到完成底线（低于百分制 70 分）或年度经营业绩考核任一主要考核指标未达到完成底线（完成率低于满分值的 70%）的。

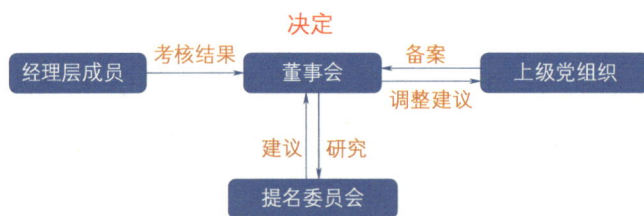

图5-5 经理层成员退出流程

②连续两年年度经营业绩考核结果为不合格（低于百分制80分）或任期经营业绩考核结果为不合格（低于百分制80分）的。

③经综合考核评价认定不胜任或不宜继续任现职的。

④经理层成员所在单位年度经营业绩考核得分在公司同类型单位排名末位，且本人经营业绩考核结果在本单位经理层副职中也排名末位，经综合分析、组织认定确属不胜任或者不适宜担任现职的。

⑤因其他原因，公司党委研究认为不适合在该岗位继续工作的。

四、实践案例

深圳电网智慧能源技术有限公司（以下简称能源技术公司）作为深圳供电局的全资子公司，一直致力于市场化新兴业务的拓展与创新。随着市场竞争的加剧和改革的纵深推进，能源技术公司面临着营收利润贡献度低、核心竞争力不强等挑战。为提升市场化竞争能力、完善管控体系、提高内部管理水平，能源技术公司决定推行职业经理人制度，通过建设并应用"市场化选聘""契约化管理""差异化薪酬""市场化退出"等机制，激发选人用人活力，提升市场化运营水平，助推高质量发展。

（一）市场化选聘

1. 多措并举，提升选聘效果

为吸引更多优秀人才参与选聘，能源技术公司创新多渠道宣传方式，利用南方电网公司员工招聘平台、微信公众号、大型招聘网站等发布招聘需求，扩大选聘范围。同时，借助外部力量，采用业内推荐、引入高端猎头服务等方式精准匹配用人需求，确保选聘到的人才符合公司战略发展需要。这些举措不仅提高了选聘质效和准确性，还为能源技术公司引入了更多优秀的职业经理人。

2. 明确职业经理人的市场化身份属性

在选聘过程中注重明确职业经理人的市场化身份属性，所有应聘成功的人员都需与原单位解除劳动关系，并与能源技术公司签订劳动合同。同时，对于能源技术公司内部选聘的职业经理人，也需重新签订劳动合同，以明确其新的职责和身份。

通过市场化选聘，能源技术公司成功吸引了一批具有丰富管理经验和专业技能的职业经理人，这些人才的加入为能源技术公司注入了更多活力和竞争力，推动了公司业务发展创新。

（二）契约化管理

1. 签订契约文本，明确责权利事项

为确保职业经理人的管理和考核有明确依据，能源技术公司董事会与所有职业经理人签订了以聘任协议为主的"一协议两书"（聘任协议、岗位说明书、年度及任期经营业绩责任书）契约文本。这些契约文本明确了岗位任期期限、岗位职责、权利义务、奖惩约定、续聘（解聘）条件等关键内容，为职业经理人的工作提供了明确的指导和约束。

2. 科学合理设置考核指标体系

为确保考核的公正性和有效性，能源技术公司根据职业经理人的岗位职责分工，科学合理地设置了考核指标体系。这些指标不仅承接了企业的战略规

划及公司下达的经营指标，而且以定量为主，定量与定性相结合。同时，积极与市场和行业对标，更准确地评估职业经理人的工作表现，为其薪酬和晋升提供科学依据。这种契约化管理的实施，不仅明确了职业经理人的责权利事项，还实现了对他们的科学考核和有效激励。

（三）差异化薪酬

1. 薪酬构成与市场接轨

为确保职业经理人的薪酬与市场接轨，能源技术公司进行了深入的市场薪酬调研，了解同行业同岗位的薪酬水平。在此基础上，根据职业经理人的工作表现和市场调研结果，能源技术公司为其提供具有竞争力的薪酬待遇，以激发职业经理人的工作积极性。

2. 薪酬与业绩紧密挂钩

职业经理人的薪酬与业绩紧密挂钩。能源技术公司根据考核结果确定职业经理人的薪酬水平，实现薪酬能增能减。同时，强化薪酬与业绩挂钩，增强对职业经理人行为的激励约束，促进其为公司创造更大的价值。差异化薪酬的实施，不仅激励了职业经理人的能动性、创造性，也提高了公司的整体经营业绩水平。

（四）市场化退出

1. 明确退出情形和程序

为确保职业经理人制度有效实施，能源技术公司建立了市场化退出机制，不仅明确了退出的 13 种情形，包括试用期考核不合格、年度考核不合格、任期考核不合格等；还规定了退出的程序和标准，确保退出的公正性和合理性。

2. 提供必要支持和帮助

虽然对考核不合格的职业经理人会依据制度开展市场化退出，但能源技术公司也注重为他们提供必要的支持和帮助。例如，为退出者提供职业培训、再就业指导等服务，帮助其重新找到适合自己的工作岗位。这种人性化的做法不仅有助于减少员工流失带来的负面影响，还能够提升公司的社会形象。

通过实施市场化退出机制，能源技术公司成功实现了对职业经理人的有效管理和约束。这种机制不仅确保了公司的用人质量和长远发展，还为职业经理人的成长和发展提供了更加广阔的空间和更多的机会。

五、小结

实施经理层成员任期制和契约化管理，是深圳供电局深化改革的破冰之举，取得了显著成效。一是促进经理层成员从传统的"身份管理"向市场化的"岗位管理"转变，经理层成员的任期意识、岗位意识、权责意识及市场化意识进一步增强，企业经营效益显著提高，营业收入屡创新高。二是形成了经理层成员能上能下、收入能增能减的常态化机制，大大激发了经理层成员的工作活力动力，企业经营业绩显著提升。三是任期制和契约化管理理念进一步深入人心，干部队伍的改革意识逐步建立。

第二节　全员契约化管理

随着经理层成员任期制和契约化管理不断深入，经理层活力动力得到有效激发，但作为商业二类企业，深圳供电局尚未形成用市场化经营机制管人管事的文化氛围，干部员工普遍缺乏以市场化手段落实责任的能力，导致责任传递"上热、中温、下冷"，因此仅在"前三排"实施契约化管理，还不足以推动整个企业真正按照市场化机制运营。基于此，深圳供电局进一步把责任制改革从经理层扩展到全员，提升全员经营意识和价值创造能力，激活基层"一池活水"。

一、工作思路

坚持市场化改革方向，坚持目标导向、问题导向和结果导向，围绕提升组织管理效能和服务好战略性人力资源管理体系建设的工作目标，结合现代企业管理方法，按照查找短板、优化体系、编制方案、签订契约、制度固化的工作路径，在经理层任期制和契约化管理的基础上，实现全员全面覆盖，从机制上实现责任链条各环节的联动，人人签契约、人人扛指标、人人背任务、人人有压力、人人有动力，推动全员新型责任制与契约化管理持续改进和深化应用。

二、实践难点

传统商业二类企业实施全员契约化管理，复杂在全员，难在如何有效传递责任，需重点关注以下问题。一是人员规模大、类型多。不能简单用"一把尺子量到底"，需要更加精细地分析不同类型人员特点，逐层逐类研究制定契约化落实机制。二是全员业绩考核难度大。部分类型人员（如党建类人员、职能部门管理类人员）的业绩指标难以准确量化，如何选取各类型人员目标并合理赋值，是全员契约化管理的关键。三是干部员工契约意识不足。在原有考核体系下，部分干部员工习惯搞"大锅饭"，观念转变较为困难。直线经理习惯于做"老好人"，对于推行全员契约化管理形成阻力。

三、具体举措

（一）责任分解

1. 建立"1+3+N"指标管理体系，支撑战略规划分解落地

指标管理体系是层层落实全员责任制的重要载体，通过指标的层层分解能够充分保证经理层成员责任压力传递至全员，确保公司"上下同心、力出一孔"。围绕战略目标分解指标，运用平衡计分卡从经营效益、内部运营、客户服务、企业成长四个维度设定指标任务，按照纵向衔接、横向可比、兼顾差异的原则分层分级建立指标库，有针对性地梳理各项指标的逻辑关系和应用场景，形成"1+3+N"指标管理体系，即1个指标总库、3张指标关系图（指标业务关系图、指标分解关系图、指标协同关系图）、N个应用场景，明晰影响战略规划落地的关键指标，将战略规划贯穿到日常管理、业务执行中，实现穿透式管控，提升战略执行力。

搭建1个指标总库。目前深圳供电局指标总库包含2142个组织指标，融合了上级考核、公司战略规划、地方经济社会发展需要方面的内容，实现经济责任、政治责任、社会责任相统一（见表5-1）。

表5-1　深圳供电局指标总库

序号	指标管理部门	深圳供电局级指标						专业级指标	指标数量合计
		战略指标	规划指标	计划预算指标	南方电网公司考核指标	世界一流评价指标	小计（去重）		
1	办公室	0	0	0	0	0	0	41	41
2	人资部	2	3	2	1	0	3	204	207
3	财务部	3	10	15	4	7	16	160	176
4	企发部	0	0	0	0	0	0	8	8
5	资产部	2	6	8	1	5	11	657	668

续表

序号	指标管理部门	深圳供电局级指标						专业级指标	指标数量合计
		战略指标	规划指标	计划预算指标	南方电网公司考核指标	世界一流评价指标	小计（去重）		
6	市场部	2	4	4	8	3	11	237	248
7	工程部	0	0	0	0	0	0	58	58
8	产业部	1	1	2	0	0	2	20	22
9	创数部	2	3	4	1	2	6	104	110
10	配网部	0	0	0	1	0	1	131	132
11	安监部	0	2	3	0	1	3	80	83
12	审计部	0	0	0	0	0	0	5	5
13	法规部	0	0	0	0	0	0	165	165
14	党建部	0	0	1	0	0	0	17	18
15	监督部	0	0	0	0	0	0	46	46
16	巡察办	0	0	0	0	0	0	4	4
17	工会	0	1	0	0	0	1	9	10
18	调度中心	0	1	0	1	0	2	139	141
	合计	12	31	39	17	18	57	2085	2142

绘制 3 张指标关系图。指标业务关系图展示了业务与指标的映射关系，将各业务领域的责任要求转化为可量化、可考核、可评价的指标。指标分解关系图按照"战略规划指标—管理驱动指标—业务执行指标"3 个层级对关键指标进行逐步分解，将承接业务责任的综合型"大指标"细分为多项"小指标"。指标协同关系图明确每项考核指标对应的责任主体，以"业务目标—承接指标—责任主体"的分解传递路径，为指标层层分解提供方法支撑。以安全生产风险管理为例，深圳供电局对照"提升公司安全管理能力"的要求，设置了由安全监管部承接的"安全生产风险管理体系评级"一级考核指标，根据业务流程该指标进一步向下分解为多个二级指标，以其中一个由资产管理部承接的二级指标"供电可靠率"为例，该指标向下进一步分解为由市场营销部与各区供电局承接的三级指标"客户平均停电时间"，以及由各区供电局运行维护岗

位员工承接的四级指标"故障平均复电时间"，实现指标层层分解、责任到岗到人（见图5-6）。

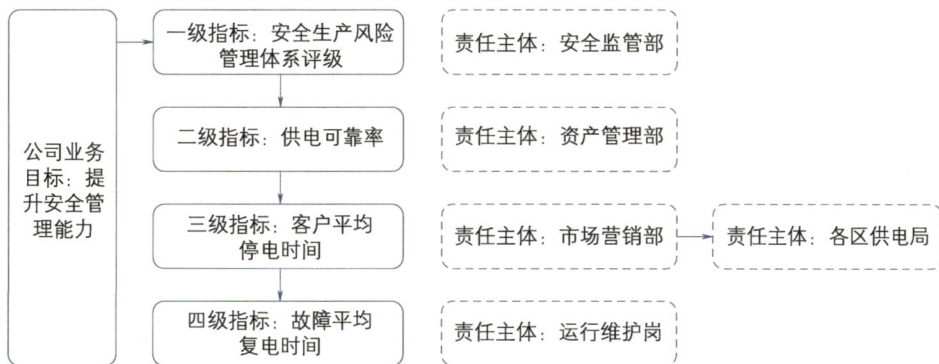

图5-6　安全生产风险管理评价指标分级落实图

搭建 N 个指标体系应用场景，覆盖战略落地、监测分析、业绩考核、对标评价、组织画像、运营展示等方面。

【案例】

2023年，深圳供电局所属龙岗供电局构建了"1+4+N"体系（1个方案 +4 类人员 +N 项"必选动作"+"自选动作"），出台了"龙岗供电局 2023 年员工任期制和契约化管理工作方案"，指导经理层、四级干部、普通员工、正副班长制定任职协议及责任书，明确了推行范围、组织保障、管理举措和进度安排。同时，龙岗供电局突出岗位特征，建立了包含经济运营质量指标（必选动作）、责任红线指标和个人差异化管理体系运营指标（自选动作）三大类指标的指标体系。

深圳供电局所属宝安供电局形成了"分局—班组—岗位"三级考核指标体系。考虑到业务同质化、差异化和精细化特点，宝安供电局梳理了分局经营发展状况并建立涵盖价值创造、运营质量、成本效率、人力资源 4 个维度 33 项指标的组织考核库；建立跨领域工作组动态修编等 4 个领域 42 项指标的班组考核库；梳理涵盖生产技术、市场营销、行政业务等 12 类业务 96 项指标的岗位考核库。

2. 建立分层分级指标库，确保责任分解到个人

针对公司指标到部门指标的分解，深圳供电局对各部门、各单位进行分类管理，分为综合型部门、专业型部门、直属供电局、其他直属单位，各部门、各单位按职责承接公司目标，一是承接落实公司年度考核，二是落实公司年度重点任务，三是设定突破挑战性任务。

针对部门指标到主要负责人指标的分解，主要负责人全面承接本部门的各项指标、任务。

针对上级指标到下级指标的分解，一是承接分管领域的上级分解指标任务，二是落实本岗位工作职责。以全员劳动生产率指标分解为例，应用贡献路径法，将全员劳动生产率指标逐步往下分解，既与财务部的"劳动生产总值"指标有关，又与人力资源部"从业人员人数"指标相关（见图5-7）。

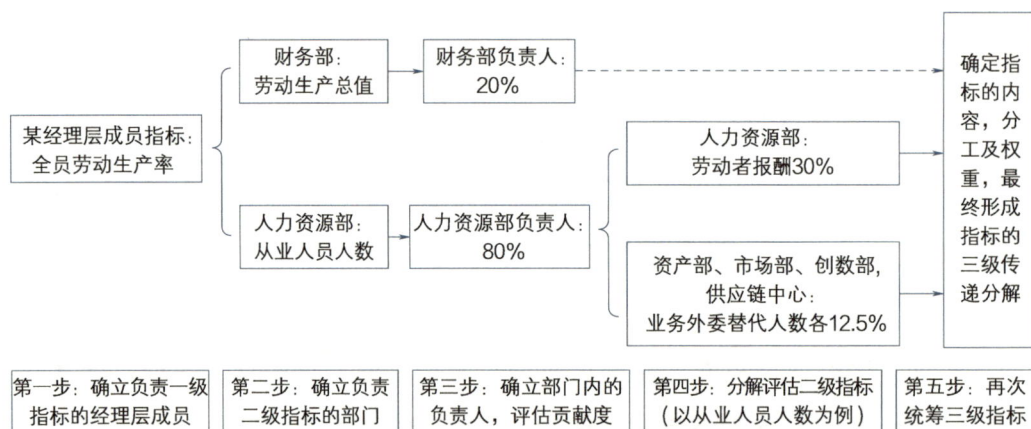

| 第一步：确立负责一级指标的经理层成员 | 第二步：确立负责二级指标的部门 | 第三步：确立部门内的负责人，评估贡献度 | 第四步：分解评估二级指标（以从业人员人数为例） | 第五步：再次统筹三级指标 |

图5-7　全员劳动生产率指标分解示例

此外，不断完善公司本级经理层成员年度及任期经营业绩典型指标库。坚持可量化原则，明确各项指标评分标准，优化线性评分标准的设置，确保指标能根据实际完成情况计算得分，最大程度降低人为主观因素对指标考核结果的影响。资产及安全管理业务领域典型考核指标库（部分）见表5-2。

表 5-2 资产及安全管理业务领域典型考核指标库示例（部分）

考核类别	管理业务领域	指标名称	评分标准
年底经营业绩考核	资产及安全管理业务领域	净利润	（1）指标完成值达到基本值得 80 分，达到满分值得 100 分，达到或优于挑战值得 120 分，介于基本值与满分值之间、介于满分值与挑战值之间按线性插值法计算得分； （2）在（100 分，120 分〕分数区间，费用性研发支出和战略级、领军级高层次人才引进成本视同利润加回； （3）因公司统一融资安排变化产生的财务费用差额在净利润完成值中进行调整； （4）指标综合得分最高为 120 分。未完成基本值的，每与基本值差 100 万元，在基本值 80 分的基础上扣 1 分，扣完为止
		万元固定资产售电量	（1）指标完成值达到基本值得 80 分，达到满分值得 100 分，达到或优于挑战值得 120 分，介于基本值与满分值之间、介于满分值与挑战值之间按线性插值法计算得分。目标不含年初计划预算的预留投资规模； （2）指标综合得分最高为 120 分。未完成基本值的，每与基本值差 100 千瓦时 / 万元，在基本值 80 分的基础上扣 1 分，扣完为止
		客户平均停电时间	（1）客户平均停电时间中、低压各 50% 权重。客户平均停电时间（中、低压）达到基本值得 80 分，达到满分值得 100 分，达到挑战值得 105 分； （2）"故障停电次数 ≥ 3 次中压用户数"达成年度控制目标加 6 分，在前年完成值与当年控制目标之间进行线性加分； （3）"配电自动化有效覆盖率"达成年度目标值加 5 分； （4）配网自愈有效动作（自愈成功闭环动作且恢复不少于 1 台配变）1 次加 0.02 分，最多不超过 4 分； （5）中压客户平均停电时间不高于 0.48 小时加 4 分； （6）以上所有数据均为剔除重大事件日、3 分钟内停电事件且不计及限电影响，年度控制目标见南方电网公司供电质量提升行动计划正式发文版； （7）考核过程中发现数据或管理问题，参照"电力可靠性数据质量核查与评价指引"在指标综合得分中根据数据质量进行扣分，数据质量综合准确率 ≥ 98% 不扣分，数据质量综合准确率为 95% ~ 98%（含 95%，不含 98%）扣 1 分，数据质量综合准确率为 90% ~ 95%（含 90%，不含 95%）扣 2 分，数据质量综合准确率为 85% ~ 90%（含 85%，不含 90%）扣 4 分，数据质量综合准确率 < 85% 扣 8 分，按每个区段间进行线性扣分，最高扣 8 分；

续表

考核类别	管理业务领域	指标名称	评分标准
年底经营业绩考核	资产及安全管理业务领域	客户平均停电时间	（8）指标综合得分最高为120分。未完成基本值的，每与基本值差1%，在基本值80分的基础上扣1分，扣完为止
		重大缺陷消缺及时率	（1）指标完成值达到基本值得80分，达到满分值得100分，达到或优于挑战值得120分，介于基本值与满分值之间、介于满分值与挑战值之间按线性插值法计算得分； （2）指标综合得分最高为120分。未完成基本值的，每低于基本值0.1个百分点，在基本值80分的基础上扣1分，扣完为止

为兼顾同类型业务经理层副职的横向可比性与各单位差异性，在指标库基础上进一步完善，分类设置指标库，并明确必选项。基层供电局经理层成员指标任务库（部分）见表5-3。

表5-3 基层供电局经理层成员指标任务库示例（部分）

下属各供电局分管营业的副总经理指标任务库					
序号	类型	指标任务名称		来源	承接建议	参考权重
1	指标	价值贡献值目标完成率		组织绩效	必选	8%
2		售电量		组织绩效	必选	8%
3		电能替代能量		组织绩效	必选	4%
4		线损率	分区线损率	组织绩效	必选	2%
5			日线损合格率	组织绩效	必选	2%
6			计量准确性得分	组织绩效	必选	2%
7			电子化结算率	组织绩效	必选	2%
8		客户满意度		组织绩效	必选	12%
9		当年电费回收率		组织绩效	必选	8%
10	任务	落实南方电网公司年度考核任务	创新驱动	组织绩效	可选	1%
11			支持新兴业务发展	组织绩效	可选	1%
12			支持金融业务发展	组织绩效	可选	0.5%
13			支持国际业务发展	组织绩效	可选	0.5%
14			依法治企	组织绩效	必选	0.5%
15			建设现代数字供应链体系	组织绩效	必选	0.5%
16			技术标准管理	组织绩效	可选	1%

3. 有针对性地设置任期与考核制度，实行差异化管理

为提升全员新型经营责任制和契约化管理的针对性，深圳供电局结合岗位体系设置及与各岗位责权利的对应情况，对全员设置任期制和非任期制两种管理周期。其中，任期制管理周期参照南方电网公司经理层成员，与南方电网公司负责人的经营业绩考核周期（3年）保持一致。

4. 制订"一协议两书"，明确责任边界

深圳供电局坚持"明确任期、明确职责、明确去留、明确薪酬、明确三值（基本值、满分值、挑战值）、明确计分规则、明确设置依据"七项原则，立足经理层契约化管理实践，进一步丰富并分类制订有针对性的契约文本。

- 岗位聘任 / 任职协议：包括任职岗位、任职期限、指标任务目标、岗位职责、权利与义务、业绩考核、薪酬标准与支付、履职待遇及福利、协议终止及解除、责任追究、其他约定、签署与生效等12项内容。明确列出岗位职责、退出条款等，"有言在先"开展市场化退出工作。
- 岗位说明书：包括基本信息、岗位职责、任职条件、工作特征等四大模块的内容。
- 业绩责任书：包括基本信息、考核指标、重点任务、加扣分事项、红线事项等内容。

（二）责任落实

1. 搭建激励约束机制，确保责任高效落实

对非经理层成员，参照经理层成员任期制和契约化管理做法，通过确定岗位职责，签订任职协议、年度和任期业绩责任书，建立以契约为核心的权责体系；坚持差异化考核，为不同业务、不同层级、不同类型岗位人员差异化地

设计契约管理文本和考核内容，分类管理，一岗一策，分类情况见图5-8；坚持业绩导向，按照业绩考核结果刚性兑现薪酬和岗位退出。

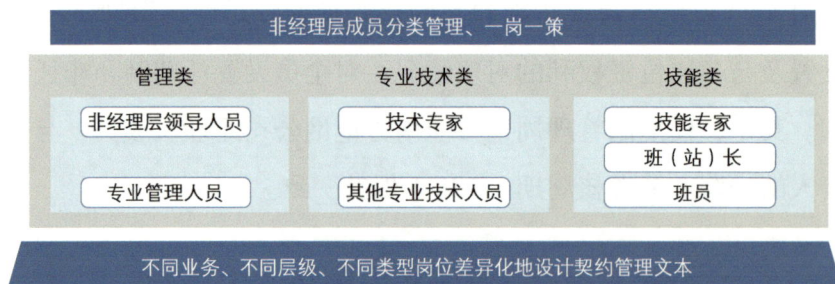

图5-8 非经理层成员分类管理、一岗一策

深圳供电局持续完善突破性任务奖励加分机制（加分事项见表5-4），鼓励全员自主申报难度高、挑战大的突破性任务，形成重大示范效应时给予额外考核加分激励，引导和鼓励全员主动追求卓越、持续超越自我，推动公司高质量发展。

表5-4 加（扣）分事项清单

序号	类别	领域	事项内容	备注
1	加分项	科技创新成果奖励	获得科学技术进步相关奖项	具体按照公司年度组织绩效考核方案中的"加分项考核细则"执行。个人加分值不高于单位实际加分值
2			获得专利相关奖项	
3			制定国际标准、国家标准	
4			关键核心技术攻关取得突出成绩	
5			开展管理创新并取得突出成效	
6		承担重大战略性任务或重大专项任务	破解南方电网公司重大经营难题，取得显著成效	
7			承担南方电网公司、深圳供电局重大专项任务，取得突出成绩或实现重大节点突破	
8	扣分项	安全生产	发生对社会及公司造成不良影响或有责任的安全事件	具体按照公司年度组织绩效考核方案中的"约束性指标"执行。个人扣分分值原则上不得低于单位实际扣分值
9			发生一般外包工程人身事故	
10			发生对社会及公司造成不良影响或有责任的涉电公共安全事件	
11			发生火灾事故、恐怖袭击或治安突发事件	
12			发生网络安全事件	

续表

序号	类别	领域	事项内容	备注
13	扣分项	合规经营	经营投资风险	具体按照公司年度组织绩效考核方案中的"约束性指标"执行。个人扣分分值原则上不得低于单位实际扣分值
14			国际业务风险	
15			资本运营风险	
16			供应链风险整改	
17			法律案件	
18		审计监督	未落实审计整改要求	
19		作风建设	考勤事件	
20		舆情管理	负面舆情事件	
21		维稳信访	上访事件	
22		营销服务	营销服务事件	
23			业扩主流程执行评价	
24			营销事故（差错）处理	

除利用加分项激发员工主动性之外，深圳供电局还制订了扣分事项和红线事项清单（见表5-4和表5-5），推动清单内事项强管控，清单外事项授权自主探索，鼓励打破制约基层活力效率的条条框框。

表5-5　红线事项清单

序号	类别	领域	事项内容	备注
1	红线事项	安全生产	违反《中华人民共和国保守国家秘密法》（2010年修订）第48条所列情形，造成不良影响的；发生对社会、公司造成较大不良影响的应负责任的重大群体性事件，信访工作突破"四个不发生"责任底线	具体按照公司年度组织绩效考核方案中的"红线事项"执行。个人业绩考核不得评定为优秀及以上或Y3及以上
2			发生应负责任的三级及以上事件，发生对社会及公司造成重大不良影响且有责任的安全事件，发生对社会及公司造成不良影响或应负责任的涉电公共安全事件	
3			发生负有同等责任或次要责任的一般外包工程人身事故	
4			延报、漏报、谎报、瞒报重大事项，造成重大不良影响或重大损失	
5			发生特大营销服务事件	
6			发生负有责任的特大、重大道路交通伤亡事故	

续表

序号	类别	领域	事项内容	备注
7	红线事项	安全生产	发生负有责任的三级网络安全事件，发生二级舆情事件、较大新闻宣传事故，且协同处置不力，对公司造成较大不良影响或较大损失	具体按照公司年度组织绩效考核方案中的"红线事项"执行。个人业绩考核不得评定为优秀及以上或Y3及以上
8	扣分项	合规经营	违反国家政策、法律法规、公司规章制度，或未落实重大法律风险管控措施，造成较大经济损失或其他较大不良影响	
9			违反国家和公司内部管理规定，未履行或未正确履行职责，在经营投资中造成200万元及以上、500万元以下一般国有资产损失，应当追究违规经营投资责任的	
10			发生未按时落实南方电网公司、深圳供电局供应链风险提示建议和整改要求，造成重大不良影响的事件；出现"先实施后采购、边实施边采购"等恶性行为	
11		其他	受到国家、省区政府，以及国家监管部门通报批评，对公司造成较大不良影响或较大损失	
12		安全生产	违反《中华人民共和国保守国家秘密法》（2010年修订）第48条所列情形，造成严重后果的；发生对社会、公司造成严重不良影响的、负有责任的特大群体性事件	具体按照公司年度组织绩效考核方案中的"红线事项"执行。个人业绩考核应当根据责任情况评为基本称职及以下或Y6及以下
13		安全生产	发生一般级及以上事故（人身、电力安全及设备事故），发生负有主要责任的一般级及以上外包工程人身事故，发生较大级及以上外包工程人身事故	
14		安全生产	发生负有责任的一级事件，发生对社会及公司造成重大不良影响且负有责任的一级安全事件	
15			发生负有责任的二级及以上网络安全事件，发生一级舆情事件、重大新闻宣传事故，且协同处置不力，对公司造成严重不良影响或重大损失	

续表

序号	类别	领域	事项内容	备注
16	扣分项	合规经营	违反国家和公司内部管理规定，未履行或未正确履行职责，造成较大、重大国有资产损失或其他严重不良后果，应当追究违规经营投资责任的	具体按照公司年度组织绩效考核方案中的"红线事项"执行。个人业绩考核应当根据责任情况评为基本称职及以下或Y6及以下
17			违反国家政策、法律法规、公司规章制度，未落实重大法律风险管控措施，造成重大经济损失或其他重大不良影响	
18		其他	受到国家、省区政府，以及国家监管部门通报批评，对公司造成严重不良影响或重大损失。涉嫌违法、违纪，对社会和公司造成严重不良影响或重大损失	

2. 导入全员契约理念，营造浓厚改革氛围

深圳供电局持续创新宣传方式，通过品牌微课大赛、基层试点示范交流分享、电梯间视频宣传、企业微信 eLink "三改一点通"专栏推广、专题培训等形式，加强宣传推广，营造全员参与的改革氛围。加大培训力度，分八个批次共计组织 700 余人参加专题培训，加深基层管理人员与核心骨干对契约化管理的理解与认知。通过问答手册、操作指引、绩效管理工具包、契约文化"公文筐"与案例集等，及时总结共性问题与经验做法，有效指导改革日常工作开展，引导全体员工从初期的"不理解"逐步向"认可"转变，并主动谋求改革创新，全员契约理念深入人心。部分宣传途径见图 5-9。

3. 层层下放工资总额，授予更多分配自主权

实施工资总额下放，赋予更多薪酬分配自主权，激发员工主观能动性。深圳供电局坚持公司管总额及分配效果，构建了工资总额决定模型，在收入差距倍数指标的基础上创新设置薪酬自主分配离散度指标，评估薪酬差异化分配的整体情况，将离散度指标、收入差距倍数指标纳入组织绩效和直线

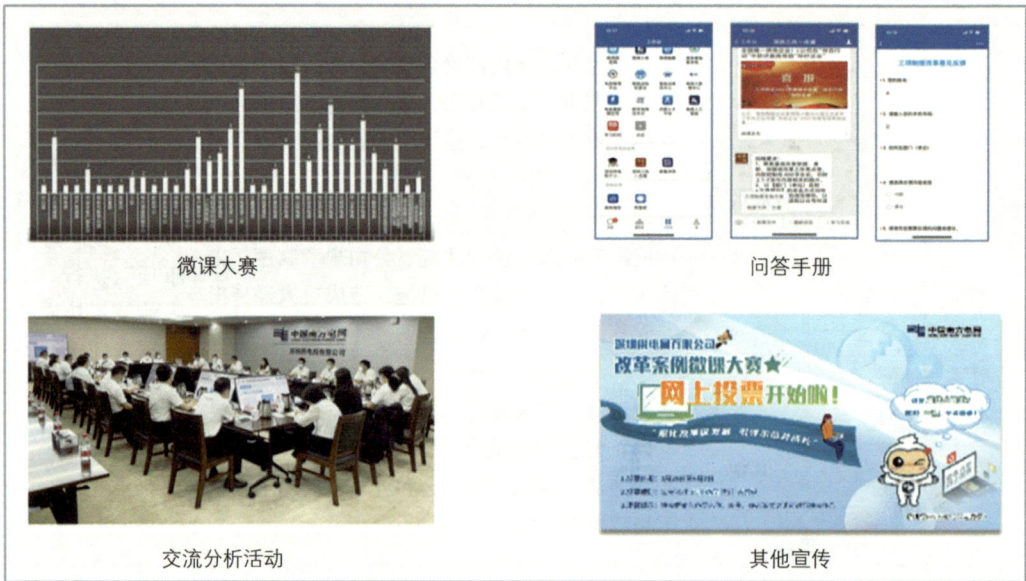

图 5-9　部分宣传途径

经理业绩考核指标，打破"大锅饭"制度，从拉开收入最高与最低两人差距到拉开全员差距，从机制上打破平均主义，薪酬自主分配离散度示例见图 5-10。同时，压实各级团队负责人责任，指导各单位在权限内自主制订薪酬分配方案，通过工分计酬、业绩量化等方式实现分配差异化，引导员工收入分布逐步趋于合理。签订责任状，对离散度排名靠前的单位进行专项奖励，对排名靠后的单位进行约谈。2022 年，公司同岗级收入差距倍数达 2.05，全勤全薪员工自主分配离散度指标同比提升 22%；2023 年，公司本级经理层成员收入差距倍数提升至 1.87，全年竞争上岗比例达到 31.2%。

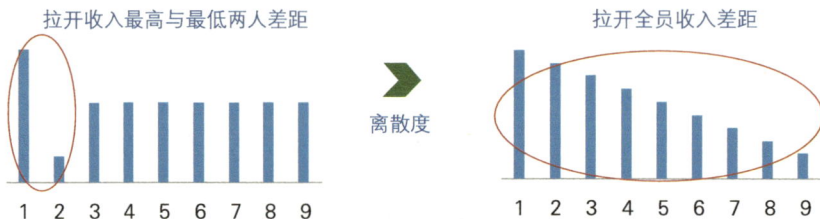

图 5-10　薪酬自主分配离散度示例

【案例】

　　深圳供电局所属龙岗供电局宝龙供电服务区探索由固定工资包机制、"组团赛马"机制、超额贡献激励机制三部分构成的工资分配机制。固定工资包按照定编人数核算工资总额基数，以"增人不增资，减人不减资，岗位调整总额不变"的方式管控工资总额基数，树立减员增效的导向。建立"组团赛马"机制，员工通过组团工作获得工作报酬，将经营指标、重点计划、急难险重任务、高奉献度工作（如师带徒）等纳入"工作交易市场"，并以"抢单揭榜"的形式激活员工组团进行"赛马"，充分赋予揭榜者团队组建、资源支配、考核激励等自主权。根据团队"赛马"名次兑现相应薪酬，充分调动员工干事创业热情，逐步实现"为岗位付薪、为能力付薪、为业绩付薪"。超额贡献激励应用"股份制"理念，按宝龙供电服务区在龙岗供电局指标排名和员工贡献度进行"分红"，使薪酬与任职资格水平和业绩密切关联，鼓励员工不断提升岗位专业技能本领，提升价值贡献度。

4. 打造内部人才市场，授予选人用人自主权

　　深圳供电局坚持以市场化运营机制推动人力资源配置模式变革，通过系统打造内部人才市场，赋予基层单位、直线经理更多选人用人自主权，畅通人员流动渠道，优化人力资源配置，促进责任有效落实。

（1）基于市场导向明确内部人才市场建设路径

　　制定《深圳供电局有限公司内部人才市场管理手册》《南方电网公司内部人才市场建设深圳供电局有限公司深化试点工作方案》《深圳供电局有限公司内部人才市场2023年促进本部员工向基层流动专项工作方案》等一系列制度文件，明确公司内部人才市场建设思路（见图5-11），制订公司内部人才市场交易流程、流动积分规则和相关工作指引，推动公司内部人才市场建设规范有序、科学透明、制度完备。用人单位人才输出积分规则、员工个人流动积分规则见表5-6和表5-7。

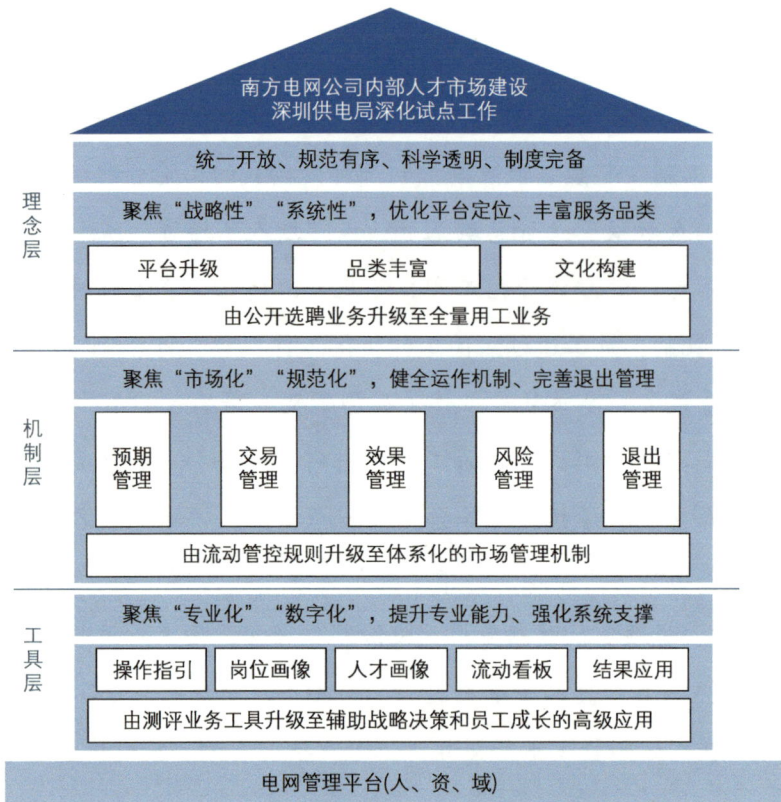

图 5-11　公司内部人才市场建设思路

【工具】

表 5-6　用人单位人才输出积分规则（统计周期：1 年）

输出方式及流向	通过人才市场公开选聘					通过组聘			其他符合公司鼓励流动方向的流动（具体以相关方案、通知为准）
	输送至本部		输送至中心、挂靠机构	输送至其他基层单位	输送至新兴业务	输送至本部	输送至中心、挂靠机构	输送至其他基层单位	
	骨干（专助责、班站长）	班员							
流动积分/每人	1.5	1.2	1.2	1.2	1.2	0.9	0.9	0.9	1.2 ~ 1.5

注：1. 退休、辞职等自然减员积 0.4 分 / 人。
　　2. 公开选聘等市场调入扣减 1 积分 / 人，组聘调入扣减 1.5 积分 / 人。

表 5-7　员工个人流动积分规则

"业绩＋参与度"流动积分规则（统计周期：3 年，上限为 5 分）									
积分类型		年度绩效					季度绩效			
业绩	绩效等级	A+	A	B-	C	D	A+	A	B-	C	D
业绩	绩效积分（分/次）	2	1.5	两年内不得参与内部人才市场公开选聘			0.7	0.5	一年内不得参与内部人才市场公开选聘		
参与度	流动类型	挂职锻炼		人才帮扶		联合攻关		人员借用			
参与度	流动积分（分/年）	1		1		0.8		0.5			

注：1. 根据员工个人业绩、重点工作情况以及参与人才市场流动等情况确定流动积分。
　　2. 用于员工参与公开选聘综合评价，支持向公司重点业务、偏远地区人员流动。

（2）全面升级市场平台定位

公司内部人才市场是内部人力资源的配置运营平台，为公司空缺岗位以市场化方式补充人员，通过公开选聘、挂职锻炼、人员借用等方式，满足公司各部门、各单位的用工需求；公司内部人才市场是员工职业生涯成长发展舞台，建立岗位、人才"双画像"，为员工提供职业生涯发展指导，通过不同方式为员工提供成长发展、公平竞争的机会，同时与人才培养、评价、发展体系相对接，进一步推动公司人力资源的增值；公司内部人才市场是连接外部人力资源市场的桥梁，当内部人力资源无法满足公司需求时，通过内部人才市场与外部市场进行沟通，引入人才，不胜任工作的员工可进入内部人才市场重新寻找合适岗位，仍不胜任的进行市场化退出。

（3）丰富市场服务品类

梳理公司各类用工需求，明确内部人才市场服务品类分为"刚性流动、柔性流动"两类，涵盖公开选聘、轮岗、转岗、待岗、人员借用、挂职锻炼、人才共享、人才帮扶、联合攻关等众多品类，引导公司管理类岗位选聘、专家选聘等工作通过内部人才市场平台开展，并将班组长、专业技术人员、技术技能专家、专项借用岗位全部纳入内部人才市场管控，促进员工合理有序流动。加强政策宣贯、价值提炼、主题宣传，打造公司内部人才市场特色工作品牌。

【释义】

- "刚性流动"是指人事关系及岗位发生变动的流动方式，具体包括公开选聘、轮岗、转岗、待岗等。
- "柔性流动"是指人事关系及岗位不发生变动的流动方式，主要包括人员借用（含工作专班）、挂职锻炼、人才共享、人才帮扶、联合攻关等。

（4）健全运作机制

以保障市场有序高效运作、服务促进关键要素流动为目标，通过多维度完善预期管理、交易管理、效果管理、风险管理、退出管理等运作机制，明确市场主体责权利关系，规范流动标准，确保流动效果，守牢底线边界，打造高质量、可持续的市场生态。

（5）强化系统支撑

基于现代人力资源管理理论，持续优化内部人才市场管理体系，强化专业工具和信息系统应用，并开发人才市场监测看板、智能资格审查、简历筛选等功能，全方位研究、建立岗位人才"双画像"，提升公司内部人才市场运行过程中的专业性和可视化水平，为公司决策提供有效支撑。

截至目前，公司累计开展内部人才市场公开选聘 32 批次，报名 4781 人次，"成交" 866 人，在支撑业务发展的同时为公司发掘出大量优秀人才。

【案例】

深圳供电局授予龙岗供电局宝龙供电服务区经理团队在全公司范围内选聘人员组建生产经营团队的权力。团队经理与员工通过内部人才市场双向选择，实现全部员工能进能出，人员招募与退出根据工作需要动态调整。团队所有人员按照任期制和契约化的要求签订契约；倡导奋斗者文化，全体员工签署"奋斗者协议"。在实践过程中，通过组聘形式组建核心团队27人，通过龙岗供电局2次内部招聘招募6人，通过深圳供电局招聘招募1人，退出员工1人，最终形成33人团队。

（三）责任评价

1. 制定"1+5"考核体系，实现全员覆盖

全员契约化管理的实施对象数量是经理层成员的100多倍，工作岗位类型多、工作内容差异大，实施全员契约化管理难度也更大。对各种类型的员工，深圳供电局坚持不能"一把尺子量到底"，采取了分层分类、全员覆盖的考核方式。

（1）优化形成1套考核体系

厘清考核方式，将多种考评管理梳理优化为全员新型责任制和契约化管理（简称"业绩考核"）与绩效综合考核评价（简称"综合评价"）两类，优化后的考评体系见表5-8。业绩考核聚焦价值贡献，客观量化个人业绩表现，与薪酬兑现和岗位能上能下挂钩，分为年度和任期两种。年度业绩考核以年度为周期，在当年年末至次年年初进行；任期业绩考核在任期期满后进行。综合考核评价聚焦党建责任、素质能力、作风纪律等内容，对综合表现进行多维度民主评价，评价结果与岗位晋升、培养选优等挂钩。业绩考核结果作为综合评价的一部分，结合不同岗位特点，确定综合评价各维度占比，越往基层一线岗位，业绩考核结果占比越高（如三级干部业绩考核占比约为40%，基层一线岗位业绩考核占比不低于70%），突出业绩导向。两类考评体系既各自独立发挥优势，又有效衔接，形成相辅相成、相互促进的关系。考核期末，依据经审计的财务决算数据或公司业绩考核认定数据等，对年度和任期业绩责任书履行情况进行考核。

此外，对考核设置完成底线和合格线。对年度业绩考核结果设置完成底

线，考核得分不低于百分制的 70 分；对年度业绩考核主要指标设置完成底线，完成率不低于满分值的 70%；对年度业绩考核结果设置合格线，考核得分不低于百分制的 80 分，或任一考核主要指标不可不达到完成底线。对任期业绩考核结果设置合格线，考核得分不低于百分制的 80 分。

表 5-8　优化后的考评体系

考评类型	考核内容			考核结果应用							管理对象	考核周期	覆盖范围
	个人（经营）业绩	组织绩效等	多维度民主测评等	约束		综合激励			薪酬激励				
				岗位能下	其他约束	岗位晋升	培养选优	绩效积分	业绩薪酬	其他奖励			
全员新型责任制和契约化管理（业绩考核）	√	—		√	○	○	○	×	√	×	四级及以上	任期/年度	全体干部员工
											班（站）长		
											其他员工	年度/季度	
绩效综合考核评价（综合评价）	√	√	√	√	√	√	√	√	×	√	三级及以上	任期/年度	全体干部员工
											四级	年度	
	√	—	√								其他员工	年度/季度	

注：表中√为直接应用，○为间接应用，×为不应用。

（2）坚持 5 类人员差异化管理

结合岗位特点、岗位职责、业绩产生周期等维度，深圳供电局将公司岗位分为经理层、非经理层管理人员、专家人才、班（站）长、普通员工等 5 个类型，并根据岗位职责差异制订有针对性的契约内容，为 5 类人员制订"一套契约范本"，实施差异化精准考核。

非经理层管理人员与经理层成员具有相似管理责权，其中各级"一把手"（党委书记、职能部门正职等）全面承接本部门（单位）关键指标任务；对专职副书记既注重考核党建工作责任制落实情况，把经营业绩成效作为检验党建工作质量的重要标准，注重考核党建领域攻坚克难任务（党建责任制占 30%、经营业绩占 20%、攻坚克难任务占 50%）；业务分管领导考核内容既包括所在部门（单位）"一把手"业绩考核，又包括结合分管领域重点工作的个性化内容，各占 50%。班（站）长虽然不是管理干部，但作为兵头将尾，既肩负带队伍的重要职责，又是技能人员成长的重要领路人，对班组重点考核攻坚克难、提质增效、队伍建设等内容。专家人才示范引领作用突出，对其重点考核科技攻关、创新引领等内容。普通员工以短周期任务为主，工作内容相对明确具体。其中，班组员工工作内容同质化程度较高，采用积分制量化考核，按月兑现，确保激励的及时性；专业技术人员以重点任务为主，业绩相对不易量化，重点考核攻坚克难完成情况。同时，在分类考核的基础上，通过制度明确各类人员签订契约的主体，并按照"谁签约，谁考核"的方式，实现一级对一级考核，逐层落实考核责任（见表 5-9）。

表 5-9　签约主体关系一览表

乙方		甲方					
		业绩责任			岗位权责		
职务级别	类型	任期（经营）业绩责任书	年度（经营）业绩责任书	季度业绩责任书	岗位聘任/任职协议	岗位说明书	其他责权利事项说明
二级	经理层成员	1.公司总经理与公司董事长签订 2.公司副总经理与公司总经理（董事会授权）签订		无	与公司董事长签订	岗位聘任/任职协议附件	已在岗位聘任/任职协议中明确
	非经理层管理人员	1.公司党委书记、董事长与南方电网公司董事长、党组书记及总经理签订 2.公司党委副书记与公司党委书记、董事长签订					
三级	经理层成员	有董事会的单位： 1.总经理与本单位董事长签订 2.副总经理与本单位总经理签订 无董事会的单位： 1.总经理与公司总经理签订 2.副职与本单位总经理签订			同业绩责任书		
	非经理层管理人员	1.主要负责人一岗双责，与公司董事长和公司总经理签订 2.非主要负责人与部门（单位）的主要负责人签订					
四级	非经理层管理人员	与直线上级签订					
员工	班（站）长	与直线上级签订					
	其他员工	无	与直线上级签订		无		业绩责任书附件

（3）突出指标量化

通过明确各项指标评分标准，加强线性评分标准的设置，确保指标能根据实际完成情况计算得分，最大程度降低人为主观因素对指标考核结果的影响。

（4）确立统一规则

进一步明确公司层级的加减分项、红线事项清单的使用规则，其中，加分总计不超过5分，触犯红线事项实施降岗或待岗等处罚措施。允许基层单位在公司统一框架下，根据管理需要制定更具适应性的加减分项、红线事项清单和规则，履行民主程序，同时，各考核单元内的规则需保持统一，逐层强化激励和约束。

【案例】

党组织专职副书记考核内容

侧重考核党建、队伍建设等，针对党建与业务融合、分管业务领域等制订业绩考核内容。其中，党建工作责任制考核结果占比为30%，公司经营业绩考核结果占比为20%，所分管的指标任务占比为50%（见表5-10）。党组织专职副书记与本单位党组织书记签订契约。

表5-10　党组织专职副书记考核表

岗位名称	党组织专职副书记（示例）				
考核周期	2022年1月1日至2022年12月31日				
考核指标（占总权重的90%）					
考核内容	指标名称	权重	指标来源	目标值	评分标准
年度业绩考核指标	公司整体指标	20%	公司年度经营业绩考核结果	取公司年度经营业绩考核结果	取公司年度经营业绩考核结果
	党建工作责任制考核：在南方电网系统中年度党建考核结果	30%	承接南方电网公司考核	基本值　B 满分值　A 挑战值　—	（1）达到满分值得100分，达到基本值得80分 （2）考核结果为C得0分。

续表

考核内容	指标名称	权重	指标来源	目标值		评分标准
年度业绩考核指标	南方电网公司工会开展的员工满意率调查结果	10%	公司重点工作	基本值	89%	（1）指标完成值达到基本值得80分，达到满分值得100分，达到或优于挑战值得110分，介于基本值与满分值之间、介于满分值与挑战值之间按线性插值法计算得分；（2）未达到基本值的，每低于基本值1个百分点在基本值的基础上扣2分，扣完为止
				满分值	91%	
				挑战值	92%	
	三大央媒上稿篇数	10%	公司重点工作	基本值	同比增长0%	（1）指标完成值达到基本值得80分，达到满分值得100分，达到或优于挑战值得110分，介于基本值与满分值之间、介于满分值与挑战值之间按线性插值法计算得分；（2）未达到基本值的，每低于基本值1个百分点在基本值的基础上扣2分，扣完为止
				满分值	同比增长3%	
				挑战值	同比增长5%	
	全员劳动生产率	5%	公司重点工作	基本值	190.4万元/人	指标完成值达到基本值得80分，达到满分值得100分，达到或优于挑战值得110分，介于基本值与满分值之间、介于满分值与挑战值之间按线性插值法计算得分，差于挑战值的每下降1%扣1分，扣完为止。
				满分值	211.5万元/人	
				挑战值	—	
	高技能人才比例	5%	公司重点工作	基本值	77%	1. 高技能人才比例=高级工及以上资格人员数量/班组技能人员数量；2. 指标达到基本值得80分，达到满分值得100分，达到挑战值得120分，按照线性插值法计算具体得分；3. 低于基本值的，每下降1个百分点扣1分，扣完为止
				满分值	79%	
				挑战值	81%	

续表

考核内容	指标名称	权重	指标来源	目标值		评分标准
车辆电动化率		10%	承接南方电网公司考核	基本值	39%	1. 公司电动汽车数量/年底车辆数（不含已走报废流程的车辆）； 2. 指标达到基本值得80分，达到满分值得100分，达到挑战值得120分，按照线性插值法计算具体得分。低于基本值每下降0.1%扣1分，扣完为止
				满分值	40%	
				挑战值	41%	

重点任务（占总权重的10%）

编号	任务内容	权重	任务来源	评分标准
1	开展新型生产责任制试点工作	5%	公司重点工作	顺利组织完成试点，且试点成果经评估具备在全局范围推广应用，得100分；最终完成但超时限，且试点成果经评估具备在全局范围推广应用，得80分；试点工作推进缓慢，成果不理想，不具备推广应用价值，得60分；试点工作未完成，无试点成果，得0分
2	推进公司三项制度改革，落实技能人员持证上岗管理专项工作	5%	公司重点工作	为推进公司三项制度改革，落实技能人员持证上岗管理专项工作，组织开展技能岗评工作； 120～110分：按时高质量完成岗位胜任能力提升专项测评工作，按照年龄因素制订差异化测评方案，测评具有针对性，按下达要求完成需测评工种的测评工作任务； 110～100分：按要求完成岗位胜任能力提升专项测评工作，按照年龄因素制订差异化测评方案，测评具有针对性； 100～0分：按计划开展岗位胜任能力提升专项测评工作，测评未做到分层分类

2. 差异化设置考核周期，确保精准考核

针对五类人员，分设考核周期。一是针对全体管理人员（含经理层和非经理层管理人员）、专家人才和班（站）长，考虑其工作开展的中长期特性，全部采用任期制管理，同时实施任期和年度考核。二是针对专助责和班组员工，考虑其岗位工作特点，采用非任期制管理，开展年度和季度考核。按人员类别，具体考核周期如下。

（1）经理层成员

人员在一段时期内相对稳定，所在组织的组织架构较为完整全面，经营管理的独立性和完整性强，能独立支撑中长期目标任务及短板提升专项行动，实施年度和任期考核。

（2）非经理层管理人员

具有直线经理的管理责权，承担管理责任，是同层级的班子组成成员或核心管理人员，履行"一岗双责"，对所在团队的经营管理负有责任，也需关注企业中长期发展，结合南方电网公司穿透考核等要求，实施年度和任期考核。

（3）专家人才

开展的创新研究、实施及成果应用具有中长期特性，实施年度和任期考核。

（4）班（站）长

全面承担班组具体工作任务，具有直线经理的管理责权，且作为承接公司中长期规划与经营业绩目标的关键环节，也需关注中长期目标任务，实施季度、年度和任期考核。

（5）普通员工

主要承担专项任务，工作标准化程度高，任务具体明确、周期短，可适当缩短评价周期，有利于阶段性管控，实施季度和年度考核。

【案例】

深圳供电局所属龙华局按照"先定价、再定量、后兑现"原则，开展全员积分量化考核。系统梳理岗位职责清单，督导全体员工对照清单开展自评，根据每项工作能力要求和自愿承担的人数情况，引入工作溢价系数为每项工作定价，并结合工作重要程度、员工工作年限等因素引入质量、年龄等系数。各部门、班组制订各有特色的职责清单、工作账单、积分表单，为赋分、评比提供载体，形成"1+13"全覆盖考核方案。

3. 强化监督与辅导，数智赋能过程管控

深圳供电局积极推动以数字化智能化为特征的技术变革，并将其深度融入责任评价工作，利用新一代信息技术加强考核过程监督与管控，提升考核的现代化、数字化水平。

（1）分类监测指标任务执行情况

对经理层成员，依托数字化支撑平台中的企业全景、指标字典、运营全景、业务全景等功能，对指标完成情况实施数字化监测和跟踪管控。对非经理层管理人员（含团队负责人），依托数字化支撑平台开展业务专题场景的指标任务管控监督，如通过市场营销、电网运行、区局运营等数字化运营管控场景，实现对相应业务管理层指标任务的在线管控。对班（站）长、专家人才、普通员工，通过明确关键目标、归口部门、监控周期等，将年度目标分解到季度、月度，由团队负责人对被考核者开展过程监督。

（2）强化预警及闭环改进

建立指标红绿灯管控机制，依托数字化平台开展实时监控，及时发现关键指标异动并督促限期整改；建立目标监督辅导机制，通过制度明确过程管控的责任要求，要求团队负责人定期与被考核者进行充分的沟通交流，了解被考核者的工作状态和困难，给予适当的辅导和支持。

（3）完善指标动态调整机制

发生岗位变动时，新到岗人员需承接新岗位的任期和年度的考核指标及重点任务。发生岗位职责变动时，如岗位分工调整、经营业绩指标调整、生产经营情况变化等情况，可以根据实际情况对岗位任职协议、业绩责任书进行调整，履行相关程序后重新签订。

【案例】

深圳供电局所属信息中心在绩效考核过程中建立了"全过程"跟踪机制和"全公开"考核机制。全体员工根据各自承担的组织绩效指标签订业绩责任书，在团队内部和部门两个层面开展"我来讲绩效"汇报活动，重点汇报指标任务完成情况及后续的工作计划，全体员工投票选出最优汇报者并以增量工资予以奖励，实现对组织绩效指标的分层分级和全过程动态跟进。同时，工作业绩考核坚持客观公正、公开透明原则，全面准确地评议考核工作人员业绩，考核时由专人负责核对某专项工作的完成情况，将所有材料提交总办会审议，并定期向全体员工公示。

（四）责任应用

1. 开展岗位价值评估，体现价值贡献差异

为体现岗位价值贡献差异，深圳供电局立足岗位责任和所承担的重点任

务，利用岗位价值评估模型，实施岗位价值系数测算，差异设定不同岗位的系数，并使其与薪酬挂钩，员工岗位系数影响因素见图5-12。经理层成员岗位系数范围为1～1.15，技术技能岗位为0.7～1.3，同时鼓励各单位根据实际情况自主设置、动态调整岗位系数，进行

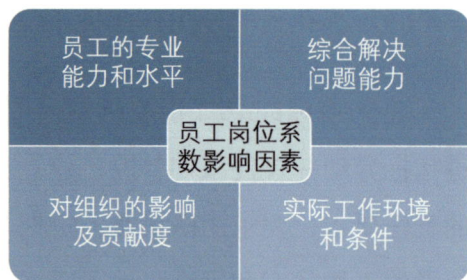

图5-12 员工岗位系数影响因素

薪酬差异化分配，以此改变传统薪酬兑现看"身份"、看"级别"的管理思维，从源头打破平均主义，促进人才向价值高的岗位流动。

同时，对岗位系数实行定期评估调整。评估周期结合岗位任期确定，实行任期制管理的岗位评估周期一般为三年，仅实行年度考核管理的岗位评估周期一般为一年。当岗位分工调整时，经业绩考核主体研究认为确有必要的，也可根据实际需要开展动态岗位评估，调整岗位系数，体现岗位价值。

2. 强制考核等级分布，合理拉开收入差距

（1）增设考核等级，挂钩组织绩效，强化业绩考核结果强制分布

四级副职及以上管理人员，业绩考核等级在上级要求的优秀、称职、基本称职、不合格4档的基础上，增设卓越等级，进一步引导管理人员追求卓越。

具体而言，本部部门主要负责人年度经营业绩考核得分在95分及以上且排名为所在类别前25%（按四舍五入计算）的，可评为优秀。在优秀人员中，分别取各自类别第1名，当所在部门年度组织绩效考核结果为A时，可参与卓越等级评选。优秀人员中除各类别第1名外，对公司有突出贡献，经公司董事长及总经理研究，可额外推荐2人参与卓越等级评选。参选人员经公司党委综合研究评议后确定不超过2人的等级（可以空缺）为卓越。

本部部门除主要负责人以外的三级正（副）干部年度考核优秀等级由本部门结合组织绩效考核结果及优秀人员数量确定。各部门优秀人员中业绩考核得分排名第1的（若得分并列第1，可由本单位党组织讨论决定推荐其中1人），可参与卓越等级评选。个人业绩考核得分95分及以上，其所在部门年度组织绩效考核结果为A，且本人对公司有突出贡献，经公司董事长及总经理研究，可额外推荐2人参与卓越等级评选。参选人员经公司党委综合研究评议后确定不超过2人的等级（可以空缺）为卓越（见表5-11）。

在员工层面，员工业绩考核等级由原来的6档增加到8档，对前3档控制优秀比例，优秀比例不高于25%，强制拉开收入差距；对后3档设置降岗或者待岗规则，强化业绩考核与退出管理的刚性关联应用。技术技能专家"优秀"比例不超过20%，"基职"及以下这一比例不低于10%，促进对专家优中选优（见表5-12）。

表5-11　三级干部年度业绩考核定级规则示例

本部部门			直属单位			
考核等级	卓越	优秀	称职	基本称职	不合格	
得分条件	≥95	≥95	≥85	≥80	<80	
三级管理人员 优秀人数 组织绩效	1~2人	3人 / ≥4人	三级管理人员 优秀人数 组织绩效	1~3人	4~6人	≥7人
组织绩效A	不超过1人	不超过1人 / 不超过2人	组织绩效A	不超过2人	不超过2人	不超过3人
组织绩效B+	无	不超过1人 / 不超过1人	组织绩效B+	不超过1人	不超过1人	不超过2人
组织绩效B	无	无 / 无	组织绩效B	无	不超过1人	不超过1人
组织绩效C	无	无 / 无	组织绩效C	无	无	无

表 5-12　员工年度业绩考核定级规则示例

等级	Y1	Y2	Y3	Y4	Y5	Y6	Y7	Y8
得分条件	≥ 95		≥ 90	≥ 85	≥ 80	≥ 75	≥ 70	< 70
比例　组织绩效为 A	≤ 5%	—	—			不限定比例		
	≤ 10%							
	≤ 30%							
组织绩效为 B+ 或 B 或 C	≤ 5%	—	—					
	≤ 10%							
	≤ 20%							

（2）强化党建责任制考核结果应用，促进党建责任和经营责任相统一

对组织绩效结果为优秀的考核单元，提升个人业绩考核和综合评价优秀比例（从 20% 提升至 30%），并将党建责任制考核结果同管理人员的评优紧密挂钩，将组织绩效考核结果同考核单元的薪酬和晋升管理紧密挂钩，推动党建工作与业绩考核有机融合。

（3）根据业绩考核等级，确定考核系数，完善业绩考核结果刚性兑现机制

业绩考核等级直接换算为薪酬系数并兑现，从管理层到员工层，薪酬兑现系数由 1.0 ~ 1.3 扩展为 0 ~ 1.5。年度考核结果不合格的，扣减当年全部绩效薪金，以此打破相对平均的分配机制，让考核评价更加科学，评价结果应用更加合理，奖罚效果更加分明，激励约束都更显化精准。

坚持组织经营业绩与个人业绩强关联，强化考核结果共担。组织经营业绩影响个人业绩整体分布比例和个人业绩考核系数，如公司中层管理人员个人业绩考核为基本称职，当组织绩效为 A 时，个人业绩考核系数为 0.8；当组织绩效为 B 时，个人业绩考核系数为 0.75；当组织绩效为 C 时，个人业绩考核系数为 0.7。

三、四级干部年度业绩考核结束与薪酬系数对应情况、员工年度业绩考核结果与年度系数对应情况见表 5-13 和表 5-14。

表5-13　三、四级干部年度业绩考核结果与薪酬系数对应表

	年度考核等级系数				
	卓越	优秀	称职	基本称职	不合格
组织绩效为A	1.3	1.2	1.1	0.80	0
组织绩效为B或B+	—	1.1	1.05	0.75	0
组织绩效为C	—	—	1	0.7	0

表5-14　员工年度业绩考核结果与年度系数对应表

	等级	Y1	Y2	Y3	Y4	Y5	Y6	Y7	Y8
业绩系数	组织绩效A	1.50	1.40	1.20	1.10	0.95	0.80	0.50	0.00
	组织绩效B+或B	1.35	1.25	1.10	1.05	0.90	0.75		
	组织绩效C	1.30	1.20	1.05	1.00	0.85	0.70		
退出管理		无					或降1岗3个月	或降1岗6个月	待岗

3. 有序落实刚性退出机制，强化市场化导向

深圳供电局严格遵循国资委对于考核刚性退出的工作要求，细化刚性退出标准，明确刚性退出情形。其中，管理人员延用经理层成员"双70""双80""双末位"等退出规则。普通员工实行"单60"（季度业绩考核结果低于百分制60分）、"双70"（连续两个季度业绩考核结果低于百分制70分或年度业绩考核结果低于百分制70分）及岗位胜任力退出等六种退出规则，推动全体员工"下、转、出"更加平稳有序。以班（站）长为例，年度个人绩效考核结果为D或任期内两年年度个人绩效考核结果为C的，中止任期，退出班（站）长岗位（见图5-13）。

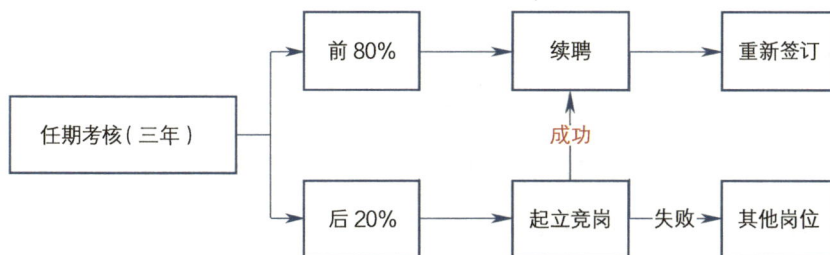

图5-13　班（站）长考核结果应用规则

【案例】

深圳供电局所属宝安供电局持续深化契约应用力度，落实岗位退出机制，考核结果排名后 10% 的"末班车成员"刚性退出，以降岗级、转岗位、转序列等方式平稳拓宽能"下"渠道。2023 年局内 27 名岗位任职不达标人员实现降岗，3 名业绩考核不达标人员退出原岗位，人员竞争上岗、调整退出逐步常态化。

4. 系统推进"情深工程"，健全正向激励

深圳供电局党委坚持以人民为中心的发展思想，应用数字化思维打造"情深工程"品牌，（其 LOGO 见图 5-14）与员工需求同频共振，持续解锁员工幸福密码，从四个方面系统推进员工关爱工作，推出 173 项关爱举措，全面覆盖员工工作和生活的方方面面（见图 5-15），极大提升员工幸福感和获得感，持续提升员工攻坚克难的积极性和生产力。

图 5-14　公司"情深工程"LOGO

（1）基于产品思维开展非物质激励，培育市场化改革意识

深圳供电局在南方电网公司系统内首推"电励计划"非物质激励，创新设计"电励徽章"虚拟激励产品，以业绩贡献和团结协作为导向，以徽章虚拟量化价值贡献，对作出贡献的员工，即时给予徽章激励，员工可用其来换取"小确幸"激励。通过额外工作付出可换来即时奖励的做法使业绩导向更加鲜明，只要有进步、有贡献，就有机会获得激励，促进形成不看岗位、不看身份、不看级别、只看贡献的氛围，极大提升激励的广度和温度。

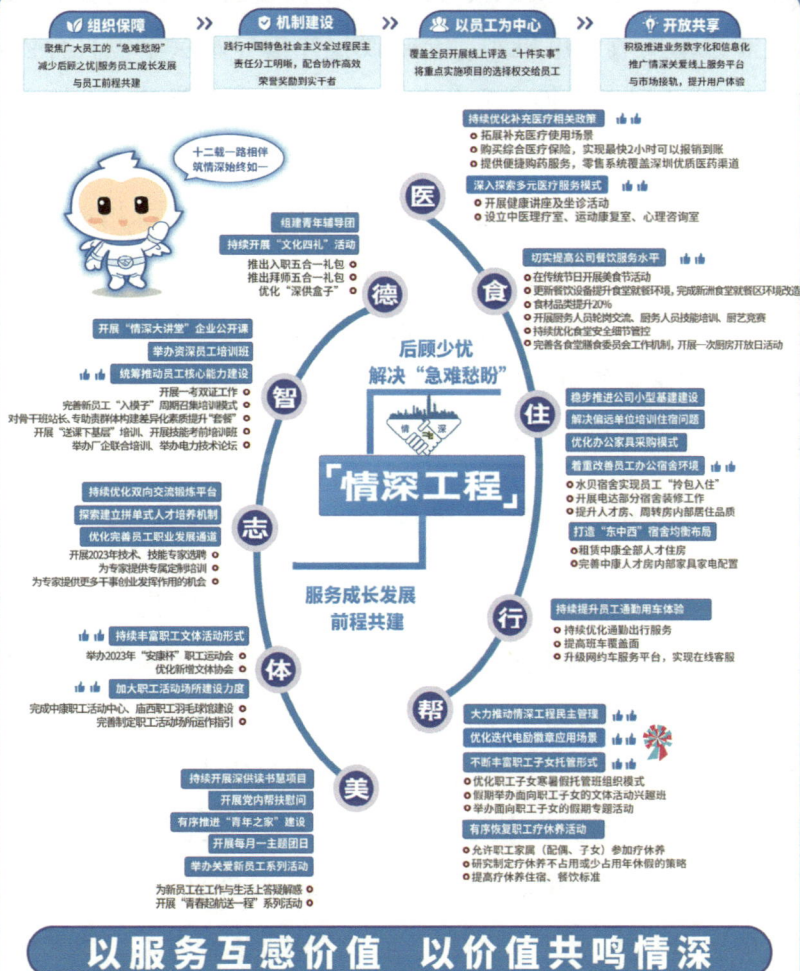

图 5-15　"情深工程"关爱地图

（2）基于用户思维践行全过程民主，打通"需""挣""兑""用"四大环节

深圳供电局畅通"需"的通道，全面了解员工需求。通过设立公司领导接待日、发挥职代会职能、招募情深体验官等举措，深圳供电局畅通"需"的通道，全面了解员工需求。通过设立公司领导接平均每年实施 30 项情深关爱举措，确保员工"所呼所盼"能够及时有"所应所办"。规范"挣"的途径，引导员工行为。标准化建立四种勋章获取途径 253 条，有效树立了"多劳多得赚徽章、跨部门协作挣徽章"的激励导向，自上而下引导员工行为；大力鼓励基层首创，建立徽章发放评审机制，充分授权并指导基层单位自行创新。丰富"兑"的渠道，增强员工黏性。充分分析员工需求，分类建立六大兑换库，包括带薪休假、中高考陪护假、荣誉车位等特色奖品，满足员工多元需求，极大提升员工的获得感、满足感。增强"用"的体验，打造员工精神家园。在传统节日和特殊纪念日开展"电励周年庆""情深优惠兑"活动，同时在线人数最高达总人数的 79%；基于平台流量，创新融入人力资源管理、培训宣贯和调查研究模块，推出趣味答题、阅读互动赢打折卡、赠予、夺宝和竞拍等大家喜闻乐见的活动，激发员工学习积极性。

（3）基于数据思维打造情深关爱平台，聚焦个性化诉求提高激励精准度

深圳供电局建立员工"需求画像"机制，应用数字化平台，综合考虑员工年龄、岗位、家庭等多维度对员工进行"需求画像"，为增强员工激励效果提供了强有力的参考。构建员工自下而上的需求反馈和沟通渠道，通过自有的企信 App 收集员工需求，设置"许愿树"，员工充分表达需求愿景，实现公司管理与员工互动，提升员工参与度和主人翁意识。强化数字互联、探索弹性福利机制，与中智关爱通合作打造"情深工程"系统 App，对外打通美团、京东、山姆、喜马拉雅等市场化平台，对内实现原"定点"服务向更开放、多元的优质服务转变，提升员工体验感，增强情感黏性。"情深关爱"平台功能模块见图 5-16。

（4）基于运营思维打造"情深工程"生态，党政工团齐抓共管形成合力

深圳供电局强化品牌运营，2018 年发起了一场关于员工关爱的品牌名称

和 VI 设计活动，由员工自主设计、自主投票选择，最终确定了"情深工程"的品牌命名和专用 VI。2023 年基于南方电网公司小赫兹品牌设计 IP 形象，深圳供电局进一步提升品牌内涵及员工关爱工作的影响力。打造央企特色 EAP 服务体系，创新建立经常性思想政治工作"八有"机制，通过 36 项举措将思想政治工作做在一线、做在经常。创新建立"十件实事"机制，每年初，员工自主评选本年度最为关注"十件实事"，年底员工闭环评价"十件实事"满意度。深化职工之家体系建设，为青年员工提供"一站式"住宿服务，优化职工子女假期托管服务，推行入职礼、拜师礼、生日礼、退休礼的"文化四礼"。营造"深刻瞬间"仪式感，2023 年初首次在线下开展"情深工程"12 周年启动仪式激发员工共鸣，结合线上直播与 2500 余名员工充分互动，营造数字化仪式感，进一步强化"情深工程"品牌宣贯，全面提升员工体验。2024 年开展"情深工程"周年庆暨发刊仪式，首次刊发《情深工程年纪》，扩大对外交流的宽度和深度，强化与其他企业的交流学习。

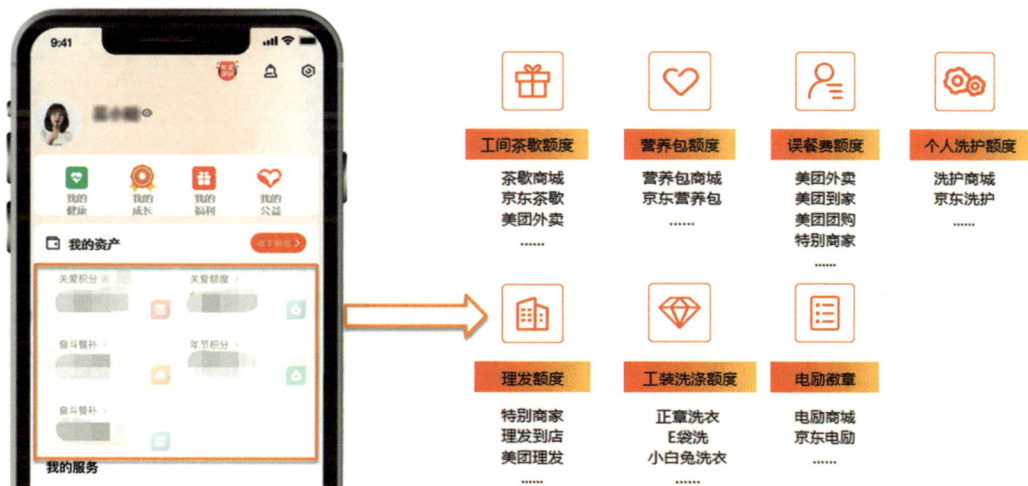

图 5-16　"情深关爱"平台功能模块（部分）

深圳供电局党委坚持发展依靠员工、发展为了员工、发展成果与广大员工共享的理念，把实现员工对美好生活的向往作为企业奋斗目标之一，党政工团齐抓共管，聚焦员工急难愁盼问题，打造数字化"情深工程"品牌，千方百计满足员工对美好生活的向往，2023 年全年实现"双百"目标（员工参与度 100%，场景覆盖率 100%），员工满意率创历史新高，达 97.5%。先行示范作用不断加大，2021 年 12 月，深圳供电局市场化改革简报由国务院国资委专刊印发，国务院国资委相关领导批示"深圳供电局在推行多元激励等方面作出积极探索，为商业二类企业深化市场化改革，更好履行使命责任作出了表率示范"。2023 年相关案例成为国企党建品牌建设优秀案例、人力资源管理数字化转型优秀案例、中国企业改革与发展优秀成果。

四、实践案例

立足全员契约化的工作思路和实践路径，深圳供电局以市场化、契约化为导向，积极推动技术技能专家队伍实行契约化管理，通过推行招标竞聘、升级任期目标责任书等关键举措，畅通专家人才发展通道，激发专家队伍活力动力，显著提升了深圳供电局人才队伍建设水平，健全了市场化经营机制。

（一）改革思路

坚持契约化、市场化导向，开展技术技能专家队伍"选用育留"全链条管理机制建设，有针对性地解决"专家考核退出成效不明显、专家对业务支撑度不足"等问题，盘活专家人才队伍，实现深圳供电局"515"专家人才、南方电网公司"百千万"人才发展目标，为深圳供电局建设中国特色现代企业制度、加快创建世界一流企业提供坚实的人才支撑。

（二）改革举措

1．实施招标竞聘模式

在南方电网公司范围内首次提出专家"招标竞聘"模式，以公开竞争形式，招揽适合公司发展的人才，使组织需求和个人目标有机结合，进一步提升专家任期制契约化管理效率，促进专家在生产工作中解决实际问题，发挥实际作用。招标竞聘流程见图 5-17。

一是在招标准备阶段，坚持自上而下、有言在先、刚性执行的原则，结合战略实施、重大科技攻关需要，由各业务管理部门牵头建立专家人才选聘"招标任务库"，将公司重点任务、亟待解决的重要生产问题、重大科研项目及课题、创新工作等纳入任务库。

二是在招标实施阶段，征求基层单位意见后，提前公布专家"招标任务库"，应聘人员在面试答辩环节开展应标答辩，面试官将应标表现纳入面试综合计分。

三是在中标后管理阶段，聘任专家后将应标任务纳入任期责任书，由业务管理部门开展过程管理，以任期目标责任书为依据，公司人力资源部统筹组织专家年度、任期考核。

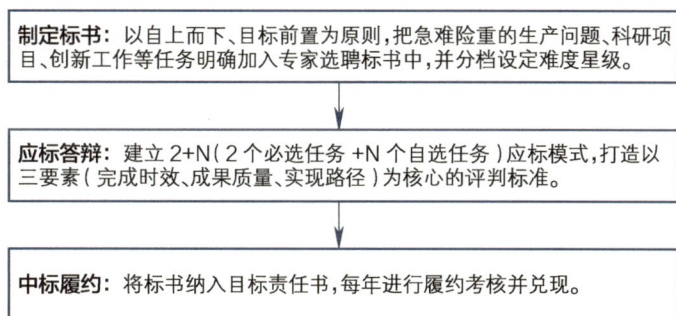

制定标书：以自上而下、目标前置为原则，把急难险重的生产问题、科研项目、创新工作等任务明确加入专家选聘标书中，并分档设定难度星级。

↓

应标答辩：建立 2+N（2 个必选任务 +N 个自选任务）应标模式，打造以三要素（完成时效、成果质量、实现路径）为核心的评判标准。

↓

中标履约：将标书纳入目标责任书，每年进行履约考核并兑现。

图 5-17　招标竞聘流程

2. 升级任期目标责任书

全面升级任期目标责任书，包括业绩任务、目标任务、所在部门（单位）任务三大板块，科研序列专业技术专家任期目标责任书（任务部分）见表 5-15。优化各板块分数比例，与专家年度考核、任期考核强关联，考核结果刚性兑现，加强专家自身目标和组织需求匹配，促进专家在本职岗位继续发光发热，发挥"传帮带"作用。

3. 推行三维考核模型

建立三维考核模型，以业绩任务为核心（占比40%）、以目标任务为抓手（占比30%）、以部门（单位）任务为基础（占比30%），严格按照任期目标责任书内容进行考核（见图5-18）。

表5-15　科研序列专业技术专家任期目标责任书（任务部分）

任务类型	任务内容	
业绩任务	1. 本项工作由专家根据网公司印发的《专家业绩贡献评价标准》自行开展业绩积累，无须填写，公司每年考核前将发布经本地化的业绩评价标准； 2. 考核时由人资部和业务管理部门组织评审专家组依据本地化的《专家业绩贡献评价标准》对专家实际贡献进行客观量化评分，并结合实际设置上限分值，超过上限分值的按照100分计算，以上限分值为100分折算其他申报人得分，避免极端分值的扰动	
目标任务	基础任务	任务内容： 星级：（★ / ★★ / ★★★） 完成时限： 2022年交付项：此项由2022年选聘的专家填写 2023年交付项：请填写交付项 2024年交付项：（待2024年修编，无须填写） 2025年交付项：（待2025年修编，无须填写）
	浮动任务	任务内容： 星级：（★ / ★★ / ★★★） 完成时限： 2022年交付项：此项由2022选聘的专家填写 2023年交付项：请填写交付项 2024年交付项：（待2024年修编，无须填写） 2025年交付项：（待2025年修编，无须填写）
		……
部门（单位）任务	技术技能带头：	
	人才培养：	
	攻坚克难：	

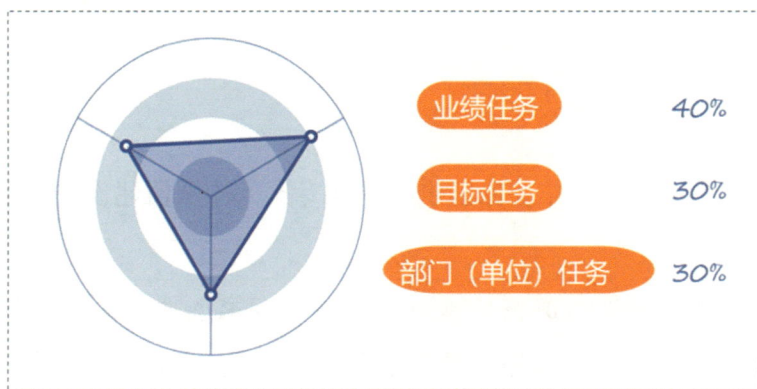

图 5-18　三维考核模型

业绩任务部分的考核工作，由公司人力资源部统一组织开展，依据业绩贡献评价标准进行评价；目标任务部分的考核工作，由各业务部门统筹开展，依据专家任期目标责任书中的目标任务完成情况进行评价；在部门（单位）任务部分的考核工作，由用人单位负责开展，根据单位任务完成情况、日常了解的情况进行评价。

4. 运行"激励约束"机制

取消专家实岗化，打破"铁饭碗"。深圳供电局坚持专家岗位薪酬与专家贡献绩效分开考核、分开发放，引导专家既要干好本职工作，又要干好专家工作。岗位薪酬体现履行本职岗位职责的报酬，按照公司工资支付的相关规定进行发放，岗位岗级晋升、绩效评价不受影响；贡献绩效体现履行专家职责的报酬，与考核结果强相关，体现"干好干坏不一样"。

实施强制末位淘汰，奖优罚劣。通过设置优秀（A级）比例，专家干得好可突破调控线的限制，拿到额外20%以上的一次性清算奖励，逐步实现收入能增的"强激励"；设置专家年度贡献激励池，年度考核"优秀"的专家全年贡献激励上浮30%，"基本称职"及以下的专家倒扣30%，同层级专家全年贡献激励差距可达1.85倍；考核末位者扣减贡献绩效甚至解聘。年度考核末位10%的扣减贡献绩效，聘期内两次年度考核末位10%的或聘期考核末位10%的，则直接降级或解聘。

（三）改革成效

通过扎实开展上述工作，深圳供电局在专家人才队伍建设领域取得了显著成效。

一是专家人才发展通道更加畅通。2023 年专家选聘中，10 名优秀且有培养潜力的人才跨 2～3 级晋级，其中 2 名班组员工（18 岗）直聘为一级领军技能专家（24 岗）。南方电网级高水平专家实现跨越式发展，战略级专业技术专家取得零的突破，新聘杰出级技能专家 4 人。

二是专家人才发挥的作用更加显著。近几年，深圳供电局累计获得全国技术能手等国家、省部级人才荣誉的人数增加近两倍；2023 年获省部级以上竞赛个人奖项 34 项；实现中国机械工业科技进步一等奖、国家首台（套）重大技术装备（项目）认定等多项历史"首次"。

三是专家人才活力动力更加强劲。2023 年开展的专家考核中，20% 的专家获得蓄水池奖励，10% 的专家被扣减薪酬，13% 的专家被解聘。"能者上、优者奖、庸者下、劣者汰"的导向更加鲜明。

五、小结

全员契约化管理更加注重契约精神、更加突出业绩量化，通过持续探索实践，已经逐步被广大干部员工普遍接受，并取得了明显成效。一是通过以上率下、全员覆盖，增强全员契约化意识。自 2021 年以来，每年全员签订业绩责任契共 5000 余份，有效激发员工主动性、创造性，促进员工个人价值与企业效率效益双提升。二是"业绩考核定薪酬，综合评价定发展"的考评模式更加健全，既解决了原有的多类考核边界不清、重叠等问题，又消除了"轮流坐庄"现象。三是将经实践检验有效的改革经验和成果固化形成了完整、系统的制度体系，形成激发员工活力动力的长效机制。深圳供电局全员契约化管理框架见图 5-19。

全员新型经营责任制和契约化管理

	经理层成员	非经理层成员	专家人才	班（站）长	普通员工
覆盖人员	深圳供电局本级经理层成员29家直属单位经理层成员	深圳供电局除经理层成员外的其他二、三、四级管理人员	深圳供电局引进的高层次人才、技术技能人才	生产一线班（站）长	其他普通员工
考核周期	任期+年度		任期+年度+季度		年度+季度
契约文件	聘任协议+任期经营业绩责任书+年度经营业绩责任书	任职协议+任期业绩责任书+年度业绩责任书		任职协议+任期业绩责任书+年度业绩责任书+季度业绩责任书	年度业绩责任书+季度业绩责任书
签订形式	✓ 深圳供电局董事长作为甲方，与本级所有经理层成员签订协议，与深圳供电局总经理签订业绩责任书 ✓ 深圳供电局总经理作为甲方，与公司副总经理签订业绩责任书 ✓ 深圳供电局总经理作为甲方，与直属单位总经理签订协议、业绩责任书 ✓ 深圳供电局直属单位总经理作为甲方，与本单位副总经理签订协议、业绩责任书	✓ 南方电网公司董事长、总经理作为甲方，与深圳供电局董事长签订业绩责任书 ✓ 深圳供电局董事长作为甲方，与党委专职副书记签订协议、业绩责任书 ✓ 深圳供电局董事长、总经理作为甲方，与本部部门主要负责人签订协议、业绩责任书 ✓ 部门（单位）主要负责人作为甲方，与本单位副职签订协议、业绩责任书 ✓ 四级管理人员与其直线上级签订协议、业绩责任书	✓ 均与其直线上级签订契约文本		

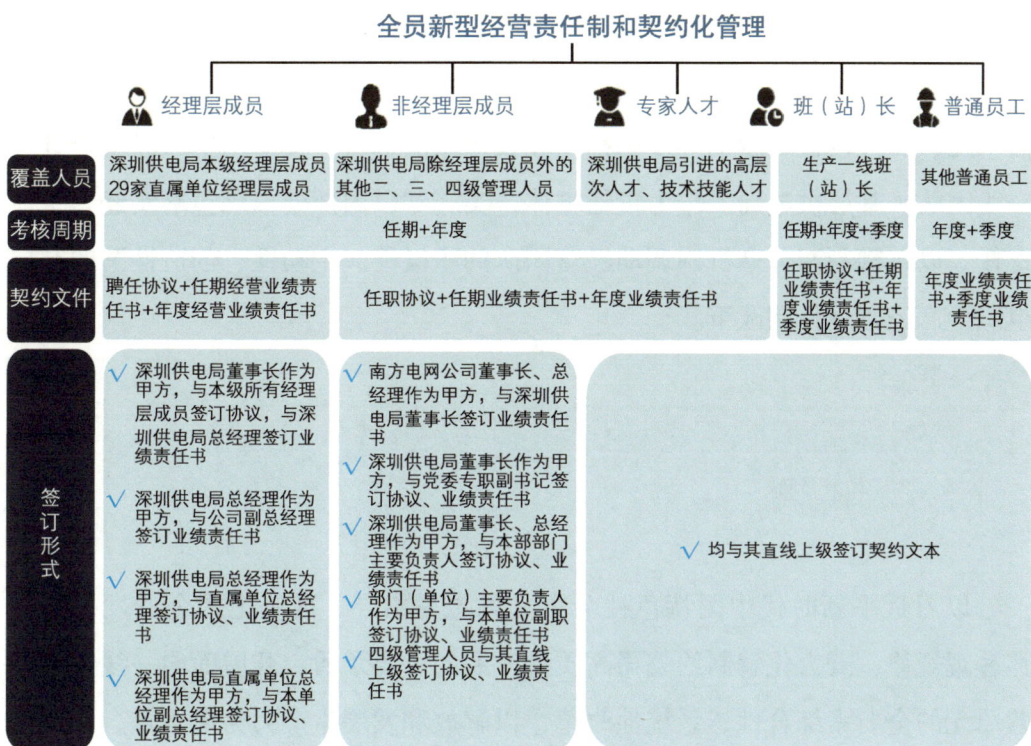

图 5-19　深圳供电局全员契约化管理

第三节　基层生产经营责任制改革

近些年，随着供电企业装备技术水平、员工素质能力的大幅提升，过去电网集团公司强调的一体化管理模式，对基层监管多、授权少、专业划分细，已经开始制约基层一线组织活力动力的释放，尤其是影响了基层自主经营能力意识的建立，难以快速响应客户逐步多元化、个性化的用电需求，与企业高质量发展目标要求的矛盾越来越突出。针对这些问题，深圳供电局通过研究"安徽小岗村""华为大岗村"案例及"阿米巴经营管理模式"，发现这些问题的主要原因在于基层组织的责任体系还不健全，配套的授权及激励约束机制还不充分，团队和个体的活力动力未能被有效激发。

构建实施全员新型经营责任制：南方电网深圳供电局的探索与实践

2022年初，基于全员契约化管理实践成效，深圳供电局立足新的管理研判谋划了新一阶段的改革：将责任制改革方法从个体延伸到组织，借鉴划小责任单元、加大授权和激励等改革精髓和关键做法，将直接承担生产经营任务的一线团队（基层供电局）作为责任主体，实施"以内部模拟承包落实经营主体责任，以超额利润分享机制调动经营团队的积极性、主动性、创造性"的基层组织生产经营责任制改革。

一、工作思路

以习近平新时代中国特色社会主义思想为指导，准确把握企业发展的内在客观规律，着力化解制约公司高质量发展的主要矛盾，开展面向一线生产经营单元的全要素综合性、系统性改革，以解放和发展生产力为出发点，以提升基层组织活力效率效益为落脚点，以内部模拟承包落实经营主体责任，充分授权放权，调动员工的积极性、主动性、创造性为切入点，以鼓励和支持基层开展组织模式、制度机制、业务流程、作业标准、技术装备、人才培养等方面的创新为着力点，以超额贡献分享为激励手段，在一线生产经营单元构建较为完善的权责利体系。通过基层生产经营责任制，大胆破除不必要的束缚，大力实施市场化经营管理，解决国务院国资委指出的"企业资产收益率不高，创新能力不足"等问题，提升基层全要素生产率，降低劳动强度，提高安全质量，加快推进公司高质量发展。

二、实践难点

推进基层组织生产经营责任制改革是一个系统工程，实践过程中需要充分考虑并处理好改革所带来的稳定与发展问题。在改革初期，要反复推演，重点围绕以下问题做好顶层设计。

一是如何在商业二类企业内部模拟承包，压实自主经营责任，激发组织活力。在基层生产经营单元未进行独立核算、部分成本未分摊的现实状况下，如何完成明确目标与约束、收集准确的数据、构建合理的测算模型等模拟承包的关键事项。

二是如何建立适应商业二类企业的超额利润分享机制，实现员工个人收入与经营效益强关联。如何制订合理目标任务、确定分享比例和规则、建立激励约束与考核评价机制，有效核算超额贡献，既能保障基本生产管理底线，又能有效激发员工动力、活力，提升效率效益是超额利润分享的关键。

三是如何管控授权经营的风险，确保牢牢守住安全生产、合规经营、国有资产不流失等底线。划小单元授权经营可能会"一放就乱"，因此要建立完善的授权机制、加强内部管控和建立风险预警与应对机制，确保权力"授得出，接得住"。

四是如何破除改革阻力，解决干部员工思想认识不到位，职能"中梗阻"的问题，推动职能部门与基层干部员工同题共答。改革初期，部分干部员工可能会存在疑问：政治责任和社会责任对于商业二类企业来说非常重要，是否需要大力追求经济效益？深圳供电局的效率效益在电力行业已走在前列，是否需要更大力度、更深层次的改革？

三、具体举措

（一）建立基层自主经营授权机制

为促进基层单位紧密围绕解放和发展生产力、促进高质量发展开展试点工作，公司通过"揭榜"方式选取 4 家高质量发展试点单位。

1. 划小生产经营单元

为着力解决责任在基层单元传递落实问题，深圳供电局以区供电局为单位划小生产经营单元，区供电局内部可以供电分局、街道等为单位进一步划小生产经营单元，逐级授权经营，压实责任。由区供电局自主组织生产经营活动，并承担安全生产、合法合规、客户服务、队伍稳定等方面的直接责任，价值贡献"独立核算"、薪酬"自负盈亏"。同时，实施全员契约化管理，将业务进一步细分成具体指标任务，把责任落实到人。

2. 明确目标任务

生产经营单元以自主"揭榜"方式，申报改革方案，在上级考核的基础上"摸高"制订预期目标，明确改革主体、承包内容、预期成效、指标任务、权利与义务、激励与惩罚等内容。

评审专家组从业务模式变革、制度优化、流程精简、薪酬分配、资源优化配置、技术变革等方面对各单位基层生产经营责任制方案的预期创新成果、经营效益、综合成效进行综合评估后确定改革试点。

鼓励试点单元在履行好政治责任和社会责任的基础上，聚焦提升核心功能和核心竞争力，提升价值创造能力，作出超额贡献。

3. 科学合理授权

制订红线底线清单，对清单内的事项进行强管控，清单外事项授权各生产经营单元自主探索，鼓励各生产经营单元勇于打破制约基层活力效率的条条框框，探索符合基层实际的生产经营新模式。

试点单元在确保安全和风险可控的前提下，可结合各自特点和实际情况，研究组织模式、薪酬分配、选人用人、投资决策、运维策略、过程指标考核等方面有效提高生产效率、减少低效工作的事项，提出放权、授权事项需求，对口职能部门研究并审核后形成拟放权、授权事项清单，履行决策程序后予以实施。

建立"深圳供电局—区供电局—生产经营团队"三级授权机制，逐级授权、层层负责，鼓励基层充分发挥生产经营自主权。授权时，职能部门会同试点单元同步制订管控措施，有效保障安全生产。同时，对授权放权事项进行动态管理，职能部门、试点单元应根据内外部环境变化，评估能否继续授权放权，必要时可终止授权放权。

（1）鼓励生产组织模式变革

鼓励基层试点创新生产组织管理模式，从调整生产关系、解放生产力的角度出发，积极挖掘现行业务模式运行过程中的痛点、堵点，改进优化，充分释放基层活力动力。各试点单元可基于数字化、智能化技术的深度应用，建立客户导向、敏捷高效、信息透明共享、团队协作共赢、实现价值创造的新型组织，建立健全适应高质量发展的生产组织模式，优化调整组织机构、运维策略和人力资源配置，完善制度规程和业务流程，进一步提高生产业务的集约化、专业化水平与管理扁平化水平，提升劳动效率、降低劳动强度、提高安全质量，实现各项指标全面提升。

（2）鼓励制度机制优化

鼓励基层试点充分分析和洞察管理制度中的缺口和薄弱环节，以资源要素配置为抓手，建立一套职能部门与基层单位共赢的授权与管理机制，提高基层应急能力、机会把握能力、快速决策效率，实现组织效能提升。各试点单元聚焦如何更有效激发劳动者的能力素质和积极性的问题，坚持以人为本，从聚集方式、工作方式、激励方式和价值观念等方面激发员工活力动力；聚焦如何更好地开展生产经营的问题，以创新资源配置为核心，从"人＋资产""人＋资金""人＋技术""人＋数据"等方面优化要素配置，提升全要素生产率。

（3）鼓励业务流程与技术标准优化

鼓励基层试点以客户为中心，优化管理资源和市场资源配置，从业务实际出发，查找制度执行、业务开展过程中的痛点、堵点，研究讨论形成更高效、更顺畅的业务开展方式或流程，实现业务流程的扁平化、信息化和网络化，从结构层次上全面提升工作效能和客户服务满意度。在业务流程优化的同时，鼓励试点以人力资源最大化开发为核心，针对删减、合并或优化的流程作业节点全面梳理完善各项作业标准，促进效率提升。优化过的业务流程和技术标准经一定时间试点检验有效的，将其总结为制度、流程改进建议，向业务归口管理部门反馈，业务归口管理部门组织研究优化规章制度。

（4）鼓励技术装备革新

鼓励基层试点以创新创造为核心，聚焦电网发展和客户服务中的难点、重点问题，明确技术装备革新的需求，通过自主创新或引进先进技术装备，大力推广应用新技术、新装备，提高电网运行智能化水平、客户服务智能化水平和员工管理智能化水平，提高资源综合利用率，降低电网企业的运营成本，提高科技贡献率，提升企业核心竞争力。

（5）鼓励人才培养创新

鼓励基层试点以时代发展要求为导向，着力解决培训内容与实际需求脱节、培训方法单一、人才梯队建设不完善等问题，建立"专家型"电力工程师的队伍培养体系，全面提升员工数字化时代核心能力、领导者素养，以满足企业对高素质人才的需求，确保企业的长期稳定发展。

（二）构建高质量发展评价和激励机制

坚持激励与约束并重，构建高质量发展评价和激励机制。通过划小核算单元，建立高质量发展激励核算方法及回馈机制，使组织效益、个人收入与经营效益挂钩，鼓励基层发挥主观能动性降本增效，作出超额贡献。同时减少约束但不降低底线要求。一方面鼓励大胆探索，减少非必要干预，最大力度支持自主经营；另一方面，为了限制改革中关注短期效益而牺牲中长期发展潜力的极端做法，有针对性地设定可控成本完成率指标下限，建立健全事后追责、收益递延兑现等约束机制。

1. 总体原则

改革评价鼓励超额贡献摸高，注重改革实绩，强化综合绩效托底，以试点单位超额贡献指标完成情况确定预分配额度，以改革实绩情况确定实际分配额度，并在兑现环节按照中长期激励原则采用递延方式兑现。

2. 高质量发展评价模型

不仅关注生产经营指标结果，也关注改革成效和实施过程，从超额贡献指标（占50%）、改革实绩（占50%）、承诺事项（否决项）三个维度建立高质量发展评价模型开展评价活动（见表5-16），确保在基层生产经营单元未独立核算情况下，仍能有效评估经营效益和改革成效。其中，超额贡献指标包括市场开拓指标、运维管理指标、可控成本指标，体现了生产经营单元的经营效益；改革实绩重点从生产组织模式变革等六个方面评价改革举措创新性和质量；承诺事项主要反映改革必须遵循的红线和底线，为否决项。

表5-16　高质量发展评价模型

评价维度	评价类别	分值	备注
超额贡献指标 （上限为50分）	售电量	10	试点单位"揭榜"申报值即为开展高质量发展激励的目标榜，申报值即为开展高质量发展激励的目标
	综合线损率	10	
	当年电费回收率	10	
	可控成本	10	
	人均价值贡献值	10	
改革实绩 （上限为50分）	生产组织模式变革	10	
	制度机制优化	8	
	业务流程优化	8	
	作业标准优化	8	
	技术装备革新	8	
	人才培养创新	8	
承诺事项 （不占权重）	组织绩效、员工满意度、约束事项与负面事项管控等	—	

3. 高质量发展激励模型

一是建立激励核算规则。根据高质量发展相关指标完成情况，以计算创造的增量贡献为基础，按照规定的比例核定激励额。高质量发展激励额上限不超过本单位当年工资总额的5%。

$$高质量发展激励额 = 超额贡献额 × 奖励比例$$

$$超额贡献额 = 输配电增量收入 + 可控成本节约额$$

其中，输配电增量收入 =（售电量完成值 × 当年电费回收率完成值 − 售电量目标值 × 当年电费回收率目标值）× 输配电平均单价 +（线损率目标值 − 线损率实际值）× 供电量 × 平均购电单价。

可控成本节约额 = 可控成本预算值 − 可控成本实际值，可控成本不含折旧、无形资产摊销、长期待摊费用、职工薪酬、输电费等。

奖励比例与超额贡献额目标完成率挂钩，如果年底因客观因素调整组织绩效考核目标值，则视情况调整超额贡献额目标。试点单位客户平均停电时间未完成年度考核目标的，高质量发展激励的奖励比例原则上为0。若可控成本预算执行偏离预算目标值 ± 3%，则取消高质量发展激励。高质量发展激励奖励比例见表5-17。

表 5-17　高质量发展激励奖励比例

超额贡献额目标完成率	（0%，100%]	（100%，110%]	（110，115%]	（115%，120%]	（120%，+∞）
奖励比例	0%	5%	10%	15%	20%

二是明确激励兑现规则。结合对试点单位的业绩考核结果，以实际业绩贡献作为分配的根本依据，实现多劳多得，打破平均主义，杜绝"高水平大锅饭"，强化高质量发展激励。牢牢树立向一线倾斜的鲜明导向。重奖前沿创新创效，可以"倒挂"，严禁简单以职级（岗级）定高低，原则上职能部门人均奖励额度不高于一线岗位。

激励兑现的对象，应为与本单位签订劳动合同的人员，以对企业高质量发展相关指标有直接重要影响的核心骨干人员为主，原则上应为承担分解指标、对指标改进作出直接贡献的人员，激励对象总数原则上不超过职工总数的80%。

实际兑现标准如下：

①未完成承诺事项的或触发约束条件的不予兑现。

②测算各单位高质量发展激励额，实际兑现的高质量发展激励额与改革实绩排名挂钩，并受高质量发展总奖金池约束。

拟兑现激励额 = 高质量发展激励额 ×（50%+50%× 排名系数）

评价排名对应的系数见表5-18。

当各单位拟兑现激励额总和超出高质量发展总奖金池金额时，实际兑现激励额 = 拟兑现激励额 / 各单位拟兑现激励额总和 × 高质量发展总奖金池金额。

表 5-18 评价排名系数一览表

评价排名	1	2	3	4
排名系数	100%	75%	50%	25%

针对兑现方式，各单位高质量发展激励采用递延方式兑现，分2年兑现完毕。第一年支付比例不高于60%。在两年兑现期内，试点单位高质量发展有关指标综合水平出现非政策性下降的，未兑现部分不再兑现；大幅下降的，经公司研究，对已兑现部分进行追回。

针对激励额的内部分配，各单位根据内设机构的指标完成情况及业绩贡献程度逐级划小分配单元。充分发挥各级直线经理的考核分配自主权，由直线经理组织制定内部分配的具体规则，可一次性兑现。直线经理的激励额由其上一级组织确定，其中试点单位内部部门负责人的激励额参照试点单位负责人方式核定，试点单位负责人（领导班子）个人获得的激励额占其年度薪酬的平均比例不得高于10%。

三是确定激励约束条件。为鼓励试点单位积极创新创效，珍惜试点名额，持续推动高质量发展，设置约束措施。

（1）终止兑现情况

若试点单位组织绩效年度考核未达 B+ 或客户平均停电时间、客户满意度指标低于满分值，终止兑现高质量发展激励奖金。

为确保员工在改革中的获得感，兑现奖金前开展员工满意度问卷调查，若试点单位员工对改革工作的满意度低于 75%，终止兑现高质量发展激励奖金。

为保证安全生产、电网发展必需的成本费用，抑制短期行为，若可控成本预算执行偏离预算目标值 ±3%，终止兑现高质量发展激励奖金。

（2）终止试点情况

在安全生产、党风廉政建设、合规经营等方面设置底线红线，实行"一票否决"制。试点单位当年及次年出现负面事项管控清单（见表 5-19）所列情形的，终止高质量发展激励试点资格，并终止兑现高质量发展激励奖金。

表 5-19　负面事项管控清单

序号	领域	事项内容
1	安全生产	发生《中华人民共和国保守国家秘密法》（2010 年修订）第 48 条的违规事件，造成严重后果；发生对社会、公司造成严重不良影响的有责任的特大群体性事件；受到国家、省区政府，以及国家监管部门通报批评，对公司造成严重不良影响或重大损失
2		发生一般级及以上事故（人身、电力安全及设备事故），发生负有主要责任的一般级及以上外包工程人身事故，发生较大及以上外包工程人身事故
3		发生有责任的一级事件，发生对社会及公司造成重大不良影响且有责任的一级安全事件
4		发生有责任的较大电力安全事故或设备事故
5		发生有责任的二级及以上网络安全事件，发生一级舆情事件、重大新闻宣传事故，且协同处置不力，对公司造成严重不良影响或重大损失
6	党风廉政建设	出现违反政治纪律政治规矩、贯彻落实党中央重大决策部署不力、发生重大舆情损害公司形象、发生重大违纪腐败案件、主要负责人发生重大违纪等情形，造成重大不良影响

序号	领域	事项内容
7	合规经营	违反国家和公司内部管理规定，未履行或未正确履行职责，造成较大、重大国有资产损失或其他严重不良后果，应当追究违规经营投资责任
8		违反国家政策、法律法规、公司规章制度，未落实重大法律风险管控措施，造成重大经济损失或其他重大不良影响
9		年度经营业绩考核在区级供电局中排在后 30%，或与高质量发展激励有关的重要考核指标在区级供电局中排在后 30%
10	其他	南方电网公司和深圳供电局认为不得继续实施激励的情况

（三）创新建立改革联合体机制

从制度建立、过程管控和激励兑现三个方面鼓励试点单位与职能部门"绑定"成为改革联合体，以"共担共享""基层评价职能"等方式，推动职能部门积极支持基层改革，提升改革成效。

在自主"揭榜"阶段，将改革联合体列为加分项。鼓励试点单位在自主"揭榜"申报阶段自主选择与职能部门协商"绑定"成为改革联合体，每家单位可"绑定"多个职能部门，每"绑定"1 个职能部门可以在揭榜中获得 1 分的加分，最高加 2 分。

建立"基层单位—职能部门"改革联动机制。通过"基层需求收集—职能办理反馈"等督办帮扶举措，基层单位定期反馈改革痛点、难点和需求，相关职能部门及时响应回复、办理、反馈结果并公示，推动解决基层改革中遇到的问题，保障改革稳步推进。同时，各改革联合体聚焦改革痛点难点，主动思考，同题共答，同向发力，寻找试点单位积极开展改革探索创新。

设立改革联合体激励机制。次年试点单位从改革参与度、创新成效贡献等方面对职能部门的贡献进行评价，并与之约定分享奖金额度。每个职能部门最高可分享每个"绑定"试点单位应发激励额的 1%，一次性兑现，在试点单位所获高质量发展激励金中列支。如对改革有突出贡献但未参与"绑定"的职能部门，可申请董事长奖励金对其进行专项激励。

（四）建立健全约束保障机制

1. 建立约束管控体系

一是构建责任体系。各职能部门进一步提升主动服务意识和改革创新意识，积极研究基层提出的需求，解决基层的痛点、堵点，做改革的推动者。主动识别并把控改革创新工作中的风险，落实专业管理责任。鼓励基层单位领导班子敢想敢试，积极参与基层生产经营责任制试点，推动改革创新工作落地。及时对本单位试点工作中的风险进行预判和管控，落实风险防控主体责任。

二是建立容错纠偏机制。对试点创新过程中出现的失误、错误，在确保不违反红线、底线前提下，按照"三个区分开来"予以免责纠偏。

三是建立风险评估与管控机制。各职能部门和试点单位按职责分工对试点方案进行风险评估，开展试点全过程管控，积极对试点过程中的业务事项进行指导、管控和沟通，制订风险防范措施及解决方案，及时发现并规避试点过程中的风险，确保试点工作稳妥有序推进。

四是建立沟通协同机制，试点单位定期向公司汇报工作进展情况，及时与相关部门（单位）沟通试点过程中的问题及需协调的事项，各职能部门积极向试点单位提供相关业务指导。

五是建立动态优化完善机制。基层生产经营责任制是公司体制机制的全面探索优化，无法一蹴而就，也不可能提前完成全面设计，需要"摸着石头过河"，逐项探索，循序渐进。试点期间，试点单位根据业务发展情况和上级政策要求，持续优化完善相关方案和机制设计。

2. 健全支持保障机制

探索优化中后台对前台业务的支撑保障体系，在信息系统支撑、物资供应保障、人力资源保障、后勤服务保障等方面逐步构建起敏捷的前台、高效的中台、坚强的后台，建立高效的沟通协同机制，确保改革工作有序推进。

在组织保障方面，在公司层面成立以公司主要负责人为组长的基层生产经营责任制领导小组，负责公司基层生产经营责任制的组织指导、顶层设计、统筹协调和整体推进，审定工作方案，协调解决重大问题。领导小组下设办公室，负责基层生产经营责任制机制研究，推进基层生产经营责任制试点，及时协调解决试点工作中的重大问题，宣传展示试点成果，评价回顾实施效果并持续改进优化，总结提炼形成可复制、可推广的范本，建立健全有关制度形成长效机制。同时，在试点单位层面，由单位主要负责人牵头成立试点基层生产经营责任制工作领导小组，作为本单位试点基层生产经营责任制的责任主体，负责贯彻落实公司各项部署，统筹推进基层生产经营责任制试点工作，审定整体工作方案及相关子方案，指导各部门和试点单位推进实施并协调解决试点过程中的重大问题。下设工作推进小组，该小组为具体办事机构。

在人力资源保障方面，试点单位的生产经营团队一般以现有人员为主，在现有人员难以满足需求或者缺员严重时，可通过内部调剂、组织竞聘等方式补充。给予试点单位薪酬激励支持，并通过培训、工具包等方式指导考核评价、薪酬分配。

在物资供应、后勤服务保障方面，积极协调，保障便捷的物资供应，助力提高设备购置、缺陷处理、事故抢修效率。做好生产办公设施配备、车辆通勤等后勤服务保障，为推进改革创造良好环境。

在数字化、信息化支撑方面，统筹做好信息系统调整与建设，协助开发应用信息软件，助力业务变革、流程优化，为推进基层生产经营责任制工作提供便捷工具包。大力推进5G、智能技术、数字化技术在各业务领域的应用，以新技术应用推进提质增效。

（五）推动党建与业务深度融合

坚持党的领导，加强党的建设，确保改革试点落实到位、风险可控。发挥好"两个作用"，推动基层党建与业务深度融合，探索党支部在重大事项中发挥作用的方式，党员在具体业务中发挥先锋模范作用的方式。通过抓党建，引领队伍把准方向、凝心聚力，塑造昂扬向上的精神面貌，充分发挥基层党支部的战斗堡垒作用。

在党组织决策和风险控制方面，在改革试点过程中，紧盯风险管控，针对各级试点方案、薪酬分配方案、各层级契约考核结果、员工薪酬分配方案等重大事项，通过各级党组织会议审议讨论，强化党组织在基层治理中的作用。

在党组织纪检监督保障方面，在公司层面建立健全监督体系，纪检监督、巡视巡察、财务、审计等机构根据职责分工，做好监督工作。试点单位运用好重要方案、重大事项监督保障机制，纪检委员、三级网监督人员跟进监督、精准监督、全程监督，发现苗头性、倾向性问题及时教育提醒，体现各级监督人员履行全过程、多方位、多层次的监督保障作用，确保各项措施落地落实。

四、实践案例

自深圳供电局实施基层生产经营责任制改革以来，各基层供电局积极贯彻落实公司工作要求，结合自身实际，探索了一系列卓有成效的亮点举措，并实现了常态化运营，不断推动基层生产经营责任制改革走深走实。

（一）龙岗供电局综合型实践案例

1. 情况简介

龙岗区位列全国工业百强区榜首，位于深圳市东北部，是落实深圳市东进战略的核心区、主战场和发挥粤港澳大湾区深圳引领作用的重要支撑点，近年来大力实施"一芯两核多支点"区域发展战略，真抓实干、开拓进取，实现了"十四五"良好开局。

深圳龙岗供电局是深圳供电局最早一批试点单位之一，也是最有成效的单位之一。龙岗供电局于 2005 年 12 月挂牌成立，负责龙岗区龙岗、龙城、宝龙、布吉、坂田、南湾、吉华、平湖、横岗、园山、坪地共 11 个街道的输变电建设前期协调、营销服务、配网规划建设、配网安全运行管理等工作。供电面积 388 平方公里，约占深圳全市总面积的 19%，服务总人口约 230 万，用电客户 85.07 万户，现有变电站 57 座，配网 10kV 线路 1796 条，变压器20490 台。

2. 改革思路

坚持"不进则退、慢进亦退、不创新必退，必须把创新摆在发展的逻辑起点、现代化建设的核心位置"的改革理念，以系统思维全面深化生产要素、生产方式、生产重点变革，构建"1+4+1+6"管理理论体系，统筹推进龙岗供电局基层管理高质量发展。

1 个目标指"提高全要素生产率，实现价值创造"的总体目标；4 个底层逻辑指龙岗供电局对实际情况、电力价值链、业务流程体系和组织架构 4 个方面的底层逻辑进行系统分析；1 个总牵引载体指以"未来电社区"为总牵引载体，实施供电企业基层单元承包计划，将龙岗供电局负责的范围划分为 111 个未来电社区，职能部门为 111 个社区团队提供资源包支持，111 个社区因地制宜推进未来电社区营业、工程、配电、安全等各项业务建设；6 个着力点指以生产组织模式变革、制度机制优化、业务流程优化、作业标准优化、技术装备革新、人才培养创新为 6 个着力点实施一系列改革举措，持续破除制约发展的体制机制障碍，不断激发广大干部员工潜力活力。

3. 改革举措

以未来电社区包干为总牵引载体，将龙岗供电局供电范围划分为 111 个未来电社区，因地制宜推进未来电社区营业、工程、配电、安全等各项业务建设，聚焦生产组织模式变革、制度机制优化、业务流程改进、作业标准优化、技术装备革新、人才培养创新等方面，以系统思维全面深化生产要素、生产方式、生产重点变革（见表 5-20）。通过抓改革、降成本、提效率，抓创新、促转型、谋发展等一系列举措，企业生产经营改革党建等各项工作逐步迈上高质量发展的快车道。

表 5-20　龙岗供电局生产经营责任制改革重点

生产要素	劳动力（人才培养及技能提升）、资本（薪酬激励及成本）、技术（新技术应用）、管理（新管理机制）
生产方式	程序改进（停电管理、审批流程）、合作绑定（联合体、1+N）、分解放权（下放授权）、单元生产（网格化）、订单开发（专项工作交给个人或团队）
生产重点	服务（未来社区）、生产（故障抢修）、建设（网架工程）、现场（现场安全及现场数据信息）

（1）健全生产要素

①劳动力（人才培养及技能提升）

实施和核心能力系统提升工程，着力培养门类齐全、技艺精湛的员工队伍。强力推进跨班组、跨专业融合，深度开展全员多岗位技能培训，明确青年员工必须"1年懂全专业现场、2年挑大梁"。采用理论和实操"双课程"、评价和考试"双验收"、周末班和夜校班"双周期"的"六双"培训模式，使员工基本功训练与生产经营相结合，做到"年有计划、季有重点、月有安排"，实现培训闭环管理。打造发展急需的"一专多能、精一会二"复合型核心技能人才队伍，引导员工逐步实现由单一技能型工人向问题解决型的电力工程师角色转变。

聚焦一线班组自主作业核心能力，促进人才质量、结构与企业高质量发展相适应。将工作岗位作为第一练兵场，重点开展弱项技能及跨专业复合型技能模块训练，制订配网自动化终端自主联调、电缆附件自主制作等核心技能提升的"组团赛马"实施方案，开展扫除盲点、直击痛点、跟进热点的"三点"教学，以配网自动化现场工作中存在的实际问题以及配电新设备、新技术普及为导向，总结员工的知识薄弱点，有针对性地制订学习计划，保证参培人员学得实、用得上。

构建复合型作业场景，创新赋能工作质效。全面梳理同一工作现场、不同专业和人员的"交叉作业、融合业务"场景，按照符合公司发展规划、符合业务融合需要、具备人员基础条件等多项标准，甄选"专变客户服务＋设备＋计量＋运维""中压业扩项目验收""交底项目""专变报停、报启"等融合型业务场景，组织员工进入融合业务场景工作，引导员工高效处理工作问题。

加大工会参与人才创新管理的力度。充分发挥工作组织优势，积极打造具有龙岗电力行业特色的竞赛品牌，将融合业务等纳入日常竞赛科目，以赛促学、以赛促练，通过比赛加快培养与经济社会发展相适应的高层次、高素质技能人才队伍，提升员工岗位工作技能和综合素质。加快产业工人队伍建设，不断激发职工劳动热情和创新热情。

搭建多维培训平台，激发员工实战和钻研业务的热情。探索新的培养模式，开展轮值岗位体验，自主设置班长等内部虚拟职位，为员工提供"领导者"能力培养平台，增强员工主人翁意识和使命意识。

构建"员工多维素质画像"评价机制，保证人岗相适、人尽其才。建立员工多维度评价档案，测评重点从技能技术、创新创效、绩效考核三大方向出发，细分权重比例，全方位测评应聘人员综合能力素质，实现个人素质的可视化、系统化、规范化，将合适的员工选聘到合适的岗位上，保证人岗相适、人尽其才，促进人员横向流动和内部成长。在党员管理方面，在支部层面构建"堡垒画像"，在党员层面构建"先锋画像"，通过"画像法"数据分析为党建引领找准队伍和个人的短板，为进一步推进深度融合探索有效路径。

②资本（薪酬激励及成本）

全面推行内部分配改革，建立正向激励型薪酬分配机制。坚持分类管理、精准施策、科学分配，效率优先、兼顾公平，引导员工形成"工资总额来源于企业效益"的理念。建立健全多元化激励机制，研究制订涵盖工程项目、市场营销、配电运维等各方面、各层级的激励政策。实施"绩效包下发""组团赛马"揭榜任务制、悬赏制、薄弱环节激励等多元化激励措施，指导管理人员开展工资总额改革、探索"工资包"下放、开展差异化薪酬分配，做到业绩升薪酬升、业绩降薪酬降，充分调动员工积极性和创造性。

建立360°绩效考核指标体系，形成"客观公正"的绩效考核评价标准。编制"龙岗供电局全员业绩及绩效综合考核评价实施方案"，围绕组织绩效目标，建立"积分制＋负面清单＋加、扣分项"的360°考核机制，按季度考核各部门（分局），排名高则奖励多，排名低则奖励少。将绩效、薪酬和职业发展、企业目标结合起来，在内部建立"客观公正"的绩效考核评价标准，合理拉大差距，打破"高水平大锅饭"，实现"业绩升薪酬升、业绩降薪酬降"。

通过"降低成本＋内部挖潜"优化成本管控机制，打出开源节流提质增效"组合拳"。在降本方面，研究通过深化成本全过程闭环管理，聚焦投资计划、物资采购、工程建设、生产检修、营销服务、运营管理、成本预算等关键节点，强化精准投资和精益化管理，严格成本管控，大力压减非生产性支出，不断提升投入产出效率。在内部挖潜上，加强电费回收管理，确保当年电费足额回收，陈欠电费按计划压降。加强"量价费损"稽查，大力推动技术和管理降损，确保整体线损稳中有降。

③技术（新技术应用）

试点探索移动储能在配网生产上的应用，实现电动汽车与移动储能、数字能源协同发展。开展车网互动运营管理系统、基于V2G技术的配网移动应急电源设备和移动储能电网接入方法等方面的研究，把电动汽车变成移动储能的载体，让电动汽车变成可控的分布式储能设备。探索多场景下的数字能源与汽车协同路径，分布式能源的节点，丰富配网不停电作业的手段与方式，提升用户用电体验感。

逐步扩大电缆沟巡检机器人的应用，用综合感知系统提升线路运维水平。针对配网电力线缆沟道环境恶劣，空间狭小，日常沟道巡视困难、无法立即进入沟道进行故障点排查、定位等工作的问题，逐步应用配网沟道自动巡检机器人。巡检人员可在地面操作后台实现对机器人远程遥控以及内部巡检，通过搭载雷达、红外测温、气体检测等多种传感器和图像识别技术设备完成电缆沟运行风险预警，实现密闭空间复杂运行环境下的智能巡视作业，对电缆运行数据一体化采集、传输、存储、分析，降低巡视工作量及劳动风险，提升线路运维水平。

研究开发配网低压移动升降作业平台，代替传统"爬梯"作业，提升工作效率和作业安全。传统的低压线缆改造往往需要施工人员使用梯子爬上爬下进行改造工作，人员的安全难以得到保障。为有效降低低压作业人员坠落风险，研究开发配网绝缘小型移动升降平台，以进一步提高作业安全性与施工效率。用小型的移动升降作业平台实现"走街串巷"，排除城市道路、城中村通道狭小问题的困扰。

探索"公租易"运维新模式，以科技赋能管理。为解决费用催缴管理难、用户电费拖欠、电力资源分配不均以及电力资源浪费难管控等问题，全面帮助用户提高用电管理效率，合理降低人工管理费用。用户可以根据自身需求灵活选择充值金额和充值方式，通过手机微信、支付宝等方式进行充值，无须人工干预和现场催缴，提高费用催缴的及时性和准确性，降低了供电单位的追缴成本，有效解决了费用催缴的难题。

迭代升级前沿技术，提升停电智能化管理核心竞争力。面对技术和产业发展的新趋势，加强技术创新，在低压旁路作业方面，首创低压旁路STS开关快速转换技术，确保终端用户停电只有"3毫秒"。在低压发电作业方面，改变传统作业方法，利用带电作业技术，使用快速接入等方面的装置，配合同期开关使发电机临时电源并入电网后再进行市电退出，确保终端用户零感知，达到不停电旁路作业的行业领先水平。

提前探索配网电缆运维管理的新模式，实现配网电缆附件全过程数字化。将电缆附件的管理从材料级提高至资产级，从生产赋码、扫码出库、制作管控到台账移交、设备运维、报废处置等全过程进行数字化管控，穿透物资、项目、生产、财务等多业务领域，实现产品和施工质量全过程透明化。对现有配网故障电缆附件开展故障溯源，进行整体管控，提升电缆附件制作、生产、运维水平，加强电缆附件台账移交管控，针对供应商产品、电缆附件制作人员等关键信息的录入，提升台账的数据质量和故障溯源管控。目前配网电缆附件全过程数字化已经在全局推广。

④管理（新管理机制）

完善"第一议题"，保证企业重大决策事项落地落实。为细化落实党委在"把方向、管大局、保落实"上的工作指导，认真落实"第一议题"机制。联合办公室编制"深圳市供电局落实'第一议题'机制工作指引"，明确"第一议题"定义、"第一议题"适用范围、"第一议题"学习内容、"第一议题"学习形式、"第一议题"具体要求；明确"议什么""怎么议"，党委议大事、抓重点，保证企业重大决策事项落地落实，促进企业高质量发展。

开展策略驱动巡视，推动作业从"依规性"向"策略驱动"转变，实现靶向运维。深入挖掘配网自动化、计量自动化、OCS等系统中的数据价值，针对数据精准分析后提示的设备问题进行逐点靶向运维。梳理中压线路巡视、台区巡视和周期性用电检查要求，实现以策略驱动为核心的综合巡视。基于"四个系统巡查"全面分析线路与设备运行状况并形成差异化巡视策略，自主制作策略驱动综合巡视作业指导书，带着问题与重点巡视，全面提升巡视效率与质量。一次巡视可同时实现10kV配电线路、低压台区和专变设备的全方位巡视。

用"三步法"铁腕治理违约用电，为电费回收上好"保险"。细化电费回收业务要求，形成一套从预防欠费到催收、工作信息流转和协同机制建设的电费回收相关作业的"预防—催收—司法"三步走形式的标准流程和作业规范，进一步提高电费回收的业务质量，确保电费回收工作高质量完成。

（2）革新生产方式

①程序改进（停电管理、审批流程）

建立停电审批"前置会议"流程，一站式集成解决配套问题。编制"龙岗供电局综合停电工作指引"，将措施在制度层面固化完善。同时要求各分局建立以分局经理牵头主持、以停电管理员为主导，规划、运行、工程、客服等各专业深度参与的综合停电管理协调会议机制，科学研判、精准管控。根据前期工作疑难问题、停电计划是否规避频繁停电投诉黑点区域、发电设备接入是否具备无感投退能力等关键事项制订停电策略。

聚焦企业需求，不断优化用电审批流程。聚焦企业所急、所想问题，对内提升供电服务效率，联合街道重新整合用电审批流程，最大限度提高审批效率，实现内部各项工作高速流转，帮助企业在更短的时间内完成审批、尽早开工，保证业务又好又快地办理。例如，由平湖街道主导，平湖供电分局对现有用户"用电审批表"进行了优化：一是对新报装客户，仅需查违办和社区工作站盖章即可，审批单位数量由4个减少为2个；二是用户增减容、用电户变更等业务只需社区工作站盖章即可，审批单位数量由 4 个减少为 1 个。用户用电报装更简单，办理更容易。

②合作绑定（联合体、1+N）

探索"共享服务""弹性员工"等无边界化运营方式，灵活调配人力资源。为解决劳动力数量和供给规模下降问题，成立"共享服务"平台，将固定用工下的"人员—岗位"延伸为灵活用工下的"时间—任务"匹配，充分整合利用跨部门、跨专业人才多元技能，组成跨营销、配电、工程等专业的柔性共享业务支持团队，在不同任务下共享共用不同专业员工。实现网格内高低压业扩，中低压运维及线损、电费回收等业务"高效协同、优势互补"，提升解决生产经营中的实际问题的效率。

③分解放权（下放授权）

优化顶层治理，搭建"公司—龙岗局—分局"三级授权机制。在基层打造以"赋能授权＋区域治理＋过程与结果监督"为特点的决策模式，提升基层治理能力和经营效率。明确授权和支持事项清单，对照"龙岗供电局治理主体权责清单"，面向生产运维、市场营销、薪酬管理、人力资源、业务管理等方面实施差异化授权。提升自主经营、自负盈亏、自主决策能力。建立动态成效评估体系，从企业经营、客户服务、队伍发展、区域发展、红线事项 5 个维度进行监督和评价，不断完善授权治理模型，若出现重大偏差和严重问题的情况，及时调整授权或者收回授权。

④单元生产（网格化）

实施供电服务网格"分片包干"，实现对外服务窗口统一化。以"促进业务融合、提升人力效率"为目的，全面优化班组业务模式。成立以客户为中心、以网格为"作战"单元的全业务融合网格服务班，打破营业、配电、工程各自为政的状况，逐步消除内部管理壁垒，在一个网格内实现配电运维、低压运维、电费计量、用电检查、营业和工程安全等七大项核心业务精准直达。综合网格班负责全链条、全流程处理网格内业务，实现对外服务窗口统一化，使供用电问题在"最前沿"解决。

⑤订单开发（专项工作交给个人或团队）

建立"组团赛马"机制，员工通过入团工作获得工作报酬。建立基于公司战略目标、部门职责、岗位职责的指标分解体系，科学设置各岗位的绩效考核指标，将经营指标、重点计划、急难险重任务、高奉献度工作（如师带徒）等纳入"工作交易市场"，并以"抢单揭榜"的形式激励员工组队进行"赛马"，充分赋予揭榜者团队组建、资源支配、考核激励等方面的自主权。引入指标任务看板管理，各团队和个人工作干多干少一目了然。最终，根据团队"赛马"名次兑现相应薪酬，充分调动员工干事创业热情，逐步实现"为岗位付薪、为能力付薪、为业绩付薪"。

（3）聚焦生产重点

①服务（未来社区）

构建"未来用电社区"，为用户提供"全天候、全方位、一站式"服务体验和用能保障。将供电服务阵地前移至社区，与辖区内114个社区"续签""共建协议书"，通过打通属地服务渠道，联合保险公司、电动汽车服务公司等第三方优质企业，推进数字化服务、优质服务进社区、进小微企业，加速"供电＋社区"双网融合，为用户提供"一站式管家服务"、综合性能源服务，持续提升客户的用电获得感和幸福感。

②生产（故障抢修）

采用"无感停电"作业模式，让客户"零闪动""无感知"。通过带电作业实现故障线路全域客户不停电，坚持"能转则转、能带不停、先算后停、一停多用"的工作思路，严格把关每一项停电工作的必要性和检修方案的合理性，促使配网检修向不停电方向转变，最大程度降低客户停电感知，做到"保安全、保民生、保重点、不拉闸"，提高电网可靠运行水平。2023年4月完成首次低压发电无感知作业。根据黑点台账，针对频繁停电黑点区域供电线路安排不停电作业，为用户提供安全可靠的电力支持。

推广优化不停电作业方式，优化业务实施流程。充分考虑变压器负载、缴费结算户、现场作业条件、人力与物力投入和停电窗口等因素，按照低压联络、低压旁路、低压发电、中压旁路与中压发电的优先级顺序，择优选择不停电作业方式，优化业务实施流程。

③建设（网架工程）

做好顶层设计，建立配网规划、项目前期、配网自动化、信息系统等方面的一体化工作思路，完善配网规划、负荷预测及主网变电站布点，做好配网节点容量及用户数接入方面的工作。实现配网自动化有效覆盖，保障配电网规划体系规范化、高效化、智能化运转。

④现场（现场安全及现场数据信息）

建立"安全区长制"，织密全覆盖安全网。按照属地化、网格化、专业化管理的工作思路，构建安全管理"小网格＋后台专业支撑"的管理模式。创新推行"安全区域包干管理机制"，实施"安全区长制"和"安全责任制"，将区域安全管理包干到人，安全管理范围涵盖承包商合作队伍、低压驻点、抢修合作队伍、通电易等相关方，齐抓共管提升安全能力和安全管理水平。

"牵手"数字政府搭建数据团队，赋能城市电力发展。联合政府共同搭建数据共享平台，打通公共数据与公共服务企业之间数据流通渠道，有效盘活数据资产，避免产生信息孤岛。通过实时调用龙岗区时空云平台、龙岗视频平台等的数据资源，实现龙岗区的相关数据采集管理、决策分析，提前掌握不动产及现场信息，进一步厘清中低压基础数据信息，实现规划运维"可视化、智能化、数据化"，提升电网规划和运维智能化水平。

4. 改革成效

实施全员新型经营责任制改革以来，龙岗供电局各项创新机制逐步建立，实践成效显著，逐步实现从"规模效益"到"单点效益"的转变，价值创造值提升23.9%，员工"一岗多角"，63人具备跨专业工作资格，逐步打造了社会、政府、企业、员工多方共创共享共赢的能源生态圈，有效提高了全要素生产率，助力龙岗区地区生产总值提升3.8%，以"价值共创"推动高质量发展，为基层提质增效不断提供可复制、可推广的"龙岗样本"，在经济领域更好地担当为党工作的职责，为增强服务国家战略的功能、高质量管好龙岗供电局提供了坚强组织保证和人才支撑。

龙岗供电局各模块部分改革成效见表 5-21。

表 5-21　龙岗供电局改革成效（部分）

领域	具体项目	成效
生产要素	劳动力（人才培养及技能提升）	● 共开设巡视类、操作类、检修试验类、客户服务类等 20 门课程，累计完成培训 21 期，形成复合作业指导课件及视频 10 个，合并简化作业流程 4 项，培训 541 人次，高效有序提高员工业务能力和知识储备。组织员工进入融合业务场景工作，开展融合型业务场景工单 327 项。2023 年龙岗供电局合计 31 人获得双工种岗位胜任能力，8 人获得三工种岗位胜任能力，引导员工逐步实现由单一技能型工人向问题解决型的电力工程师角色转变；
	劳动力（人才培养及技能提升）	● 制订配套激励机制，完成配自终端调试 200 单、电缆附件制作或制作旁站业务抢单 1710 单，按照工作任务、难易程度进行工时量化积分及薪酬奖励，按抢单成果采取积分制激励措施，进一步激发员工内生动力； ● 举办技能竞赛，设置线损管理、两票管理、集抄运维、10kV 配电技能实操等 11 个比赛项目，共 117 名选手参加，通过"比赛考试、应急实作"两个环节比拼，不断发掘优秀技能人才。2023 年李嘉同志在全国电力行业电力电缆安装运维职业竞赛中荣获个人一等奖，是唯一获得实操满分的选手，为南方电网公司和龙岗供电局争得了荣誉。在国家级、市级配电专业技能竞赛中，龙岗供电局共 4 人参赛并全部获奖，为龙岗供电局争得更多荣誉
	资本（薪酬激励及成本）	● 通过"组团赛马"机制制定了涵盖工程项目、社区及客户服务、配电技能、现场安全等各层级的激励政策。开展供电服务进社区活动 560 次，截至 2023 年 12 月底，客户满意度及优化营商环境方面的指标在公司名列前茅； ● 指导全体四级干部开展工资总额改革，根据员工的业绩动态升降薪酬，截至 2023 年 12 月底，差异化薪酬总额占龙岗供电局工资总额的 33%，员工收入差距倍数达到 1.78
生产方式	技术（新技术应用）	● 聚焦解决电力装备发展中的难点、重点问题。如在低压旁路作业方面，首创低压旁路 STS 开关快速转换技术，确保终端用户停电只有"3 毫秒"。在龙城安居灏龙苑试点 1078 个电表，提高费用催缴的及时性和准确性，降低了供电单位的追缴成本，有效解决了费用催缴的难题
	管理（新管理机制）	● 完善"第一议题"，保证企业重大决策事项落地落实，编制"深圳供电局落实'第一议题'机制工作指引"。开展策略驱动巡视，推动作业由"依规性"向"策略驱动"转变，2023 年，龙城供电分局和平湖供电分局开展策略驱动综合巡视与数据导向巡视 393 次，发现重大缺陷 7 次
	程序改进（停电管理、审批流程）	● 建立停电审批"前置会议"流程，一站式集成解决配套问题，联合街道优化用电审批流程。在作业系统调查分析的基础上，将现行作业方法的每一操作程序和每一动作分解为单元，对作业过程进行优化，删除多余动作，调整单元顺序，从而优化作业程序，逐步达到电网企业安全、准确、高效、省力的作业效果

续表

领域	具体项目	成效
生产方式	合作绑定（联合体、1+N）	● 建立共享能源生态圈，走访龙岗区属地社区，深入探讨政数联动在提升社区服务方面的应用场景。主动联动龙供供电服务公司、鼎和保险公司、前海供电公司，深入探讨新型电力系统背景下新的应用场景
	分解放权（下放授权）	● 明确龙岗供电局党委、经理层与基层单元权责界面，提升自主经营、自负盈亏、自主决策能力。编制印发"龙岗供电局2023年治理主体权责清单"各党支部结合自身实际编制支委会、支部大会议事清单。将21个组织绩效指标分解下发给各分局，明确18个红线事项和25个约束事项，建立向党委（经理层）报告机制、月度例会汇报机制和动态沟通反馈机制
	订单开发（专项工作交给个人或团队）	● 围绕组织绩效指标和重点任务设置"组团赛马"攻坚团队。印发《龙岗供电局2023年"组团赛马"正向激励工作方案》，综合部主管带队赴5个供电分局举办5场专题宣讲会，共计1000人次参加。第二批新增项目为：新闻宣传与舆情、配网自动化终端自主调试、电缆附件自主制作及旁站、新型负控攻坚、重大项目属地工作攻坚、迁改资金补偿
生产重点	服务（未来社区）	● 按照"社区责任承包"的核心思路，通过"组团赛马"招募社区经理、成员，打造"一岗多角"社区团队，以营配业务深度融合促进高质量发展。一是与社区联系更加密切。82个社区经理组团承包龙岗供电局供电范围内111个社区，形成区供电局对区政府、供电分局对街道、社区经理对社区工作站的层级匹配。二是推动建立与社区工作站的"三告知、三协调、三交互"的协同机制，充分利用社区平台做好服务前置，实现属地"欠费告知、隐患告知、服务告知"的信息"三告知"，"工程项目协调、运维联动协调、服务矛盾协调"的业务"三协调"，"政策规定交互、停电信息交互、应急支持交互"的服务"三交互"。三是借助社区网格员的力量，进一步完善结构化地址匹配工作，从原来90分提高至94.2分，是公司首个完成整改的区级供电局，得分排名第一。四是赋能社区管理，实现员工"干多干少、干好干坏不一样"，对社区经理在"人员选择、干活方式、奖金分配"三个方面充分进行授权赋能，2023年通过双向选择共计257人进入社区团队，各社区团队按照业绩高低排出"赛马"名次，人员奖金差额最大有6倍差距； ● 2023年龙岗供电局在南方电网公司组织的第三方满意度调查中的得分为90分，在深圳各区级供电局中排名第一；在广东政府公共服务公众评价（供电）专项调查中的得分为91分，在深圳各区级供电局中排名第一；在龙岗区40项政府公共服务满意度排名中也是第一，当年电费回收率达到99.996%，创历史新高
	生产（故障抢修）	● 推广工程施工不停电作业配合方式选择分析方法，采用"社会效益＋经济效益"最优的方案施工。目前已开展10次低压联络、低压旁路配合停电检修工作。推广应用无感停电作业131次，较传统的发电作业减少低压停电53290时户数，增供扩销约152900千瓦时

领域	具体项目	成效
生产重点	现场（现场安全及现场数据信息）	● 建立"安全区长制"，将管理触角延伸至分包单位，半年内开展送教上门235场次，作业机具和安全工器具大检查106次，现场安全督查1346次（周末夜间督查671次），开展资料预审1461次，协调解决问题568个。全面提升安全意识、传递安全责任、加强规范化管理，防范风险，有效减少严重违章，守牢安全底线； ● 联合龙岗区政府政数局进行数据互通，打造数据可视化平台，实现设备实时监测、电力大数据民生分析、实时推送停电信息等功能，有序推进设备监测网络化和智能化建设，基于大规模分布式计算、人工智能、海量数据分析，可视化展示龙岗区的实时地图、行政区划、网格、建筑物、视频监控、电力设备等的实时状态

（二）罗湖供电局典型实践案例

1. 改革思路

以解放和发展生产力为出发点，以提升一线班组活力、效率效益为落脚点，以内部模拟承包落实经营主体责任，以充分授权放权调动积极性主动性创造性为切入点，以组织模式、制度机制、业务流程、作业标准、技术装备创新为着力点，以高质量发展激励、总经理奖励金、业绩考核兑现为激励手段，通过推行"1+1+2+N"实施路径（1套价值逻辑，1套管理机制，2个创新论坛，重点围绕配资、营销、工程三大业务领域的N个具体举措）整体推动改革走深走实，搭建一套以三级单位为主体的系统化供电企业生产经营新模式，系统谋划推进基层生产经营责任制改革。罗湖供电局"1+1+2+N"路径见图5-20。

2. 改革举措

（1）1套价值逻辑

体系化推进基层生产经营责任制建设，"让看得到全貌的人来指挥整体战斗"，重点对五大核心指标进行逐层分解，以三大生产业务领域为主，结合其他业务领域分解出核心指标，形成"价值树"，基于"价值树"分解的指标任务

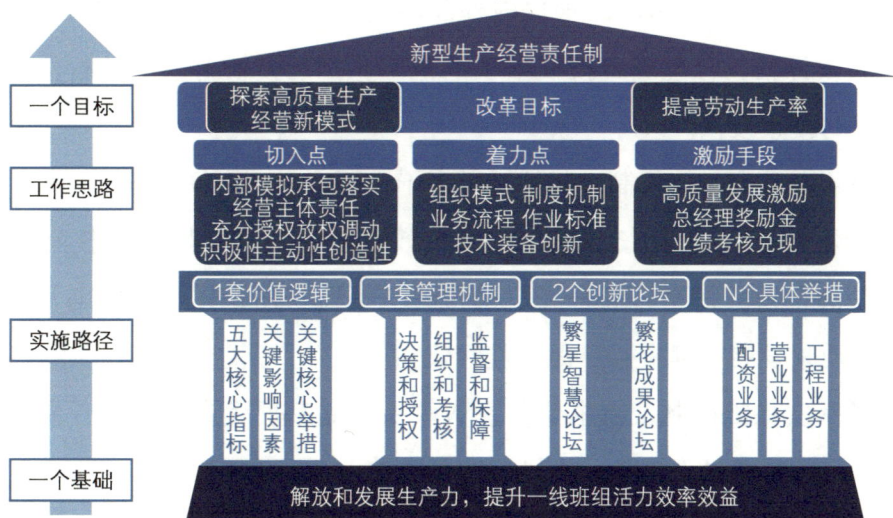

图 5-20　罗湖供电局"1+1+2+N"路径

与基层生产经营责任制和高质量发展激励总目标的逻辑关系、价值链条、权重情况，形成围绕价值链的指标管理体系。其中，工程业务领域重点关注工程质量和投产速度等；配资业务领域重点关注配网规划、网架建设、抢修及时率等；营销业务领域重点关注增供扩销、电费颗粒归仓、线损跑冒滴漏等。通过量化业务领域各级超额贡献指标，分解出二级、三级指标及任务，明确提升举措，责任落实到人，将相关指标和任务签入个人契约化文本中，落实契约兑现。

（2）1套管理机制

制度化构建基层生产经营责任制全链条体系，"让听得见炮声的人来赢局部战争"。充分发挥首创精神，按照"先试后扩、压茬推进"的原则，以两个创新论坛为依托、以流程机制改革为导向、以创新授权机制为助推、以变更生产组织模式为动力、以薪酬考核机制为引领、以三级监督机制为手段、以全面保障机制为支撑，助力改革纵深推进，保障改革整体进度，使经营效益不断提升。

一是优化调整决策机制，明确决策主体和决策内容清单，建立超额贡献柔性团队运作框架，推动业务流程优化、生产组织模式变更、作业标准优化、技术装备革新、全领域多样性革新。

二是建立敏捷授权管理机制，制定"罗湖供电局文件材料用印审核及业务信息系统审批权限清单"，根据内外部环境变化，结合改革工作实际，组织开展授放权评估，合理确定授权事项的范围，推动授权对象更好行使相关权力，必要时终止授权。

三是明确薪酬考核机制，坚持"干多干少不一样、干好干坏不一样"的原则，持续探索奖励金递延兑现方式，建立有效激励机制，做到绩效考核公正精准。

四是健全监督机制，结合局纪检机构三级监督网，强化督导与沟通，持续围绕高质量发展关键指标，提升监管效能。

五是落实保障机制，由主要负责人牵头成立基层生产经营责任制工作领导小组，统筹推进试点工作，指导各部门具体业务。

六是建立容错机制，局党总支全面把关，分管领导参与改革事项关键环节，聚焦核心问题、复发问题、重点难题，经小组成员共同研讨后定性定责，从管理体制上为员工营造良好的创新氛围，鼓励员工解放思想、敢闯敢干。

（3）2个创新论坛

打造繁星计划论坛，秉持"勇探索、表见解、出成效"的理念，建立宝藏创意金点子库，论坛围绕收集到的点子开展辩论活动，充分展示观点论据，让观点思维碰撞。论坛现场通过发散思维，拓展思路，实行举牌机制，让得到多数认可的点子进入职能部门研究流程和后续决策流程，暂时不可行的进入点子库供专家、团队、业务部门参考。通过繁星计划论坛帮助员工拓展思维，增强信心，明确方向，辩论的创新成果转化为管理运作设想和实践，为罗湖供电局改革发展开启新思路、凝聚新共识、注入新动力。

推出繁花成果论坛，定期回顾繁星计划论坛提出建议的试点成果，关键推进人做经验总结分享，专家、管理层评价成效和可推广性，形成阶段性结果和成果汇编，并带动下一轮点子形成，为创新发展培育新动能。

（4）N个具体举措

①聚焦人、物、事的革新，全面提升专业管理水平

创新青年培养机制，锻造新本领。强化青年员工职业生涯发展规划，探

索解决员工工作积极性不高、创新意识不强，师傅带徒弟水平参差不齐的问题，充分关注员工成长，建立系统的、针对性的、长效的青年员工双师培养机制。采用二对一沟通辅导的方式，针对业绩能力、职业能力、重点发展能力、素质能力等的阶段性提升目标，按照分类培养原则，为员工量身制定"1+1+1"个人职业规划方案，助力员工提升核心能力，快速成长成才。

夯实专家管理机制，激发新活力。关注专家人才队伍阶梯式培养，实施紧缺专业专家人才发展计划，积极落实专家人才本地化培训、厂家送培等，锻造一支富有战斗力的技术技能领军人才队伍。建设专家人才工作站，进一步加强内部授课，做好技术技能传承。建立健全专家人才谈心谈话、专家人才评价考核等机制，通过谈心谈话、评价考核及时发现影响人才履职尽责和能力发挥的因素，切实保障专家履职的独立性和积极性。主动弘扬专家文化，发挥内外部媒体平台作用，加强人才模范和人才事迹的宣传，营造尊重人才、崇尚科学的浓厚氛围，全方位加强高端人才队伍建设，引领全局员工能力提升。

探索新型分布式自愈技术新标准。在公司配网部的支持下形成新的技术成果，结合深圳的网架特点，制订深圳配网智能分布式 FA 技术方案、智能分布式免配置标准化方案、基于 GOOSE 智能分布式免配置标准化方案，进行主站集中式自愈逻辑优化、RTDS 试验、现场安装建设等，研究适用于多联络网架、断路器和负荷开关、"以智能分布式为主，以主站集中式为辅"的自动化模式。

探索"远程智慧空中营业厅"服务新模式。罗湖供电局在公司市场部的支持下持续研究营业厅无人值守运作模式，率先创新升级终端功能，通过对设备硬件迭代升级、增设监控或即时通信硬件设备等方式，为用户提供远程业务视频助办模式，打造无人营业厅远程视频自助终端，推动数字化绿色化协同转型。

创建设备退役各环节流转新体系。探索设备退役试点运行，以便捷高效为标准，持续优化设备退役流程运转模式，明确分工职责、工作界面，由原来项目完工后开始鉴定、申请、修改数据优化为项目开工前，有效减少部门之间工作交接频次，缩短退役设备处置时间，提升工作效能。推广配网工程退役资产直退仓库的做法，减少拆旧物资存放施工仓库及运输成本，推进项目"拆一批退一批"，避免国有资产流失。

创建电缆附件全过程管控新平台。罗湖供电局在公司配网部的支持下推广电缆附件全过程管控平台建设与应用试点，全面探索电缆各类附件资产管理模式，创造性地将电缆附件当作资产级设备来管理，用数字化赋能电缆附件全生命周期，在生产赋码、扫码出库、制作管控、台账移交、设备运维、报废处置等全过程中实现数字化管控，穿透物资、项目、生产、财务等多业务领域，实现产品和施工质量的全过程透明化。在完成电缆附件物资管控模块建设的基础上，同步组织编写电缆附件全流程操作手册，最终形成可实操、可落地的业务指导书，进一步优化资产全生命周期管理，极大降低可控成本。

②聚焦"营""配""工"融合，建立超额贡献团队

建立配网自动化点位，改造超额贡献团队。根据罗湖供电局基层生产经营责任制试点方案，由配资部、工程部联合开展招募工作，选取工程建设、规划、自动化三个业务领域各 1 名项目经理建立超额贡献团队。充分授权到岗，规划业务经理制订基准底表，工程业务经理填报工程建设情况，自动化业务经理填报投运情况，实现终端建设投运"一张表"全流程管控。三名业务经理每周进行一次问题汇总，并对上一周遗留的问题进行研判，如需提级处理及时上报，保证建设一个点位投运一个点位，非特殊问题不允许超两周办结。

组建电缆附件制作赛马制团队，提升核心能力。罗湖供电局配资部应用"赛马""揭榜挂帅"制度，通过"自主招聘 + 点将"的方式面向全局招聘电缆附件自主安装及旁站实施人员，以"抢单"的方式自主实施、自由组队，以绩效加分、奖励金等激励手段，吸引具备电缆附件制作资质的员工利用工余时间开展配基项目、配业项目、改迁项目以及应急抢修项目电缆附件安装或现场全过程旁站监督，持续营造"比学赶超"的工作氛围，让电缆附件自主安装回归自主实施，激励全员主动承担核心业务，在实战操作中提升员工核心技能水平和电缆附件制作管理水平。

打造智慧赋能新型负荷管理系统柔性团队。为有效应对时间紧任务重、极端天气频发、客户可停电时间短等难题，营业部采用"局领导点将 + 业务骨干自主报名"的方式快速招募新型负荷管理系统超额贡献团队。团队成员涵

盖配网运维、用电检查、电费计量、客户服务各专业技术骨干，细分为客户服务、勘察规划、技术支持三个专业小组，同时对客户群体划分超额贡献团队授权范围。针对充电站、一般工商业用户等，授权超额贡献团队成员自主对接客户，在联系客户形式、现场勘察时间等方面授权团队自主选择，充分挖掘团队成员在短时间内高效完成任务的潜力。针对一级、二级重要客户，授权超额贡献团队负责人对接客户联系人，必要时可预约供电局领导与客户现场会面沟通。

③聚焦激励目标值，勠力同心推动指标超额完成

探索在各专业条线中以业务流程、制度机制、作业标准优化、技术装备革新为主的提升举措，同时设立基层生产经营责任制五大核心指标超额贡献团队，建立以超额贡献奖励为抓手的新型组织模式，制订指标跟踪横道图，每月通报协调重点指标、落后指标，实行双重管控，推进基层生产经营责任制。罗湖供电局售电量、线损率、电费回收率、可控成本及人均价值贡献值五大指标均实现了较好的提升。

3. 改革成效

2023 年，通过积极探索实践生产经营责任制改革措施，罗湖供电局打破市场垄断，完成至少 4 个厂家之间的"互联互操"示范工程；将故障时的短时停电范围缩小到 50% 以下，复电时间由原来的 2 分钟降低至 1 秒以内。优化值班模式释放人力，每月值班人数减少 8 人（1 人 / 天），平均每位员工每月缩短工作时长 16 小时；有效降低部门之间工作交接频次，缩短退役设备处置时间 3 天，流程串行改并行，压缩工作时间，工作效率提升 40%。通过组建超额贡献团队，显著提升了员工工作积极性，局配资部专业班组旁站人员由 3 人提升到 11 人，生产力提升 360%，人力资源得到充分整合；员工技能水平显著提高，电缆技师团体实操通过率达到 100%，2 名员工获得国家级技能竞赛奖励，其中，团队核心成员钟鸿亮成为南方电网公司国赛参赛队员，在第十四届全国电力行业职业技能竞赛中取得个人三等奖、团队三等奖的好成绩，创罗湖供电局历史最佳。

（三）福田供电局典型实践案例

1. 改革思路

围绕高质量发展这一首要任务，以战略规划为引领，以超额完成生产经营关键指标为目标，通过质量变革、效率变革、动力变革推动全要素生产率提升，探索支撑福田区供电局高质量发展的生产经营机制变革，助力公司全面建设世界一流企业。具体内容主要包括五个方面：一是科学分解指标任务，压实责任、同向发力；二是落实服务强企建设，提升供电服务核心竞争力，推动质量变革；三是探索机制创新，优化生产组织模式，推动效率变革；四是数字化赋能，推进数字供电局建设；五是以奋斗者为本，深化差异化薪酬改革，激发活力。

2. 改革举措

（1）科学分解指标任务

以目标、结果为导向，对各项超额贡献指标进行责任分解并实行"包干"。压实经营责任，增强一线员工服务意识和自主经营意识，进行超额贡献指标"摸高"。以售电量为例，通过详细分析影响指标的5个因素（存量增长5%、增量增长1%、线损节约、停电损耗、新场景），确定由营业部、配资部、工程部联合"包干"，制订联合"包干"协议，明确超额薪酬的兑现和奖惩。

（2）落实服务强企建设

打造世界一流的供电品质，树立优质供电"南网标杆"。一是优化配网运维，提升设备可靠性。梳理南方电网公司、深圳供电局一、二次运维策略及标准，形成差异化运维策略一张表及设备健康档案；建立运维模式协同机制，优化一、二次巡视统计规则，统筹制订计划并高效开展相关运维及综合排查工作。二是加强数据驱动，提升故障管控能力。进行数字孪生故障反演，以数据为驱动，研究推进故障、缺陷的精准管控。基于生产运行支持系统、新一代OCS 等现有平台，梳理配网自动化、智能配电房等智能传感终端传送的 8 类异常告警信息，优化差异化管控策略，在云景平台上开发异常告警监控功能。

优化服务运营模式，提升客户服务水平。一是改变用户需求管理模式，服务模式从"客户需求被动响应"向"客户需求主动挖掘"转变。客户经理团队对客户增量需求进行"互动式"收集、对存量需求提供全过程专属服务、对潜在需求实行精益化管理，实现用户需求收集、分析和传递的闭环管理。做强前台，对重要客户探索差异化专属服务，专属服务团队从"客户经理"扩展为"部门主管＋客户经理＋班长＋工程师"。二是强化实体服务渠道，建设深圳供电局首个集业务办理、宣传推广、交易互动、联合运营等多元化用能综合服务运营示范点。升级改造区域客户服务中心，将原营业厅升级扩展为用电用能全生命周期管理展区、综合用能服务中心、福田区域供电服务中心三个部分。

深化现代供电服务体系应用，加强服务生态建设。一是丰富服务产品体系，探索建立用能综合服务框架。坚持生态化思维，聚焦用户体验，发挥专业特色优势，创新制订用电客户全生命周期用能服务套餐、进行生态伙伴综合评价、制订用能综合服务超市产品清单等支撑标准用能框架建设，提升"基础＋增值"服务产品体系运营能力，全年网级业务成交额超 3000 万元。二是打造绿色用能新场景，助力加快建设"超充之城"。联合产业部将原会展中心充电站成功升级改造为超充站，并作为南方电网公司在深圳的首个全液冷超充示范站在国际数字能源展会上正式对外开放。日均可为 163 辆电车充电，同比日均充电量提高约 74 倍。

（3）优化生产组织模式

完善工程师中心制组织模式，提升项目经营管理能力。一是完善成本项目管控机制，组建由专业工程师与项目工程师组成的项目管理柔性团队，由项目管理专责统筹项目规范性管控、专业专责负责投资策略、班组负责提出需求、问题及任务执行。二是优化项目实施策略，以状态评价和风险评估结果为依据，综合考虑运维策略的内外部约束条件、风险可接受程度以及客户需求等因素，精准投资，把钱花在设备维护、检修、检测等"刀刃"上。

健全矩阵式组织模式，强化客户服务中台能力建设。一是纵向优化，优化调整内部班组职能分工。福田供电局营业部以用户特性、用户需求为导向进行优化调整，电费计量班、用电检查班围绕专变客户、公变客户开展综合服务，营业班升级转变为区域客户服务中心。原来需要通过多个班组配合完成的业务，升级后在相应的一个班组即可全部完成，全流程服务覆盖量价费票、用电报装、用电检查及销户全业务。二是横向优化，探索优化内部专业化团队配置。聚焦用户视角、产品思维、市场导向，加强专责团队和班长两级中台协作，推动上下合力、资源共享、服务联动，同时建设"一专多能、一岗多能"复合型、高素质的服务人才队伍。探索"1+10"团队建设，在专业化团队中设置参谋、首席实施者以及队员三种角色，构建权责新关系，拓宽员工成长通道。

（4）推进数字化赋能

实现配网智能巡视，提升配网巡视维护效率。采用"充分复用配网自动化光纤接入生产智能技术专网"的技术路线，建成首个接入深圳供电局智能视频监测平台的配电站房，并借鉴主网智能巡视经验、算法，成功开展首单配网智能巡视，可实时掌握配电房全量设备、环境状态，减少基层班组人力资源的简单重复劳动，仅单座智能配电房全年可节省人力6人·天以上。

依托数字保供电系统，改变传统"人海战术"保电模式。首次在亚太能源监管论坛重大活动中集成应用数字化技术，通过在线监测、视频监控、电能质量监测、DTG平台数据，实现对发电机、UPS、STS等临时组网设备和低压电缆末端运行状态及现场环境实时监控，实现数字赋能高效指挥。

合理应用RPA（Robotic Process Automation，机器流程自动化），实现简单、重复业务"机器代人"。积极运用RPA、OCR等技术，在配网电子化移交、配电台账管理等业务场景中试点并应用流程自动化机器人代替人工处理复杂、重复性高的事务。截至2023年底，RPA机器人已自动处理历史项目关闭636单、变压器报停报启189单、物资卡片拆分36单，节省人力约48人·天。

支撑公司数字电网与城市 CIM 平台融合，融入和服务数字城市建设。推进完成福田区全量 340 公里的电缆通道普查（包括通道三维数据采集）；完成全区 9354 个电缆工井数据普查。在此基础上，与公司创数部、信息中心在福田的重要场所联合搭建 BIM 模型并融入城市 CIM 平台建设，推进政企数据双向开放共享。配合深圳供电局 DTG 平台开发，梳理相关数据需求，完成市民中心周边区域供电保障情况应用建设，保证政府掌握重要场所供电保障信息；完成农林路段三维电缆沟建模，2023 年底上线河套片区紫荆花接线全场景透明化模型；联系福田区政务服务数据管理局，推进河套深圳园区电缆通道数据与城市精细化 BIM 模型数据融合。

（5）实行差异化薪酬分配

授权部门进行薪酬分配，基于贡献和价值精准激励。在部门层面，授予各部门对绩效工资及增量工资进行充分自主分配的权限。各部门自主制订薪酬分配方案，开展薪酬差异化分配。以福田供电局营业部为例，该部门将月薪中的 54% 重新分配，其中 44% 用于兑现各岗位价值及日常工作量，10% 构成季度奖金池，激发员工积极性。根据工作的安全系数、难度系数、可替代性等不同维度，形成营销领域对应 60 项工作的日薪标准，组成各类工作的"日积分"，用于核准各岗位价值及日常工作量。月度指标结果及直线经理评定是核准工作量的辅助参考，季度奖金池用于阶段性奖励在专项攻坚工作中表现突出的员工。

优化激励和培训体系，提升员工核心能力。一是量化核心业务奖励，有针对性地提升业务核心能力。为提升电费回收业务核心能力，助力高效完成电费回收高质量发展考核指标，福田供电局营业部组建电费回收攻坚专班。专班成员通过对电费催收效果时间段的分析，发现下午 4 点以后 65% 的居民用户有人在家，催收效果更好。专班成员可以选择白天正常工作，晚上继续加班催收来争取更多的报酬；也可以选择在下午至晚间上门催收，第二天白天补休。二是构建适应数字化、绿色化转型的技术技能培训机制。聚焦新型电力系统数字赋能、柔性开放的本质特征，提前谋划"两化转型"对基层班组设置及运维人员技术技能水平的要求。对外联系北京供电公司、清华大学等进行调研交流，对内组织培训和讲座，深化低压实验室建设，加强基础领域研究和技术创新。

3. 改革成效

基层生产经营责任制全面提升了区局管理的经营业绩和管理水平，显著提升了全要素生产率。2023 年，区售电量为 91.64 亿千瓦时，同比增长 7.36%；当年电费回收率首次实现 100%，在深圳各区中排名第一；综合线损率为 1.56%（估计值）；可控成本为 7688.64 万元（估计值），人均价值贡献值为 647.54 万元（估计值）；福田全域连续两年停电时间低于 2.5 分钟，优于中国香港、日本东京，保持世界领先水平；配网自动化日平均在线率 2023 年下半年达 99% 以上；配网自动化快速复电动作成功率为 85.3%，77.6% 的故障通过自愈配电网实现了快速复电，平均复电时间由传统人工方式的 2 小时降至低于 2 分钟，减少约 98%；以数字化赋能生产业务，同比节省人力 1465 人·天。

（四）宝安供电局典型实践案例

1. 改革思路

坚持系统思维、问题导向和结果导向，关注生产力要素（劳动者、劳动资料、劳动对象）和生产关系要素（人们在社会生产中的地位和关系、产品如何分配等），聚焦团队架构、管理机制、成本效益、工作效率、人员培养、思维意识等领域的产出成果，持续推动"四个之变"（管理之变、人力之变、数智之变和策略之变），探索解决职能管理与基层治理边界不清、人才匮乏与创新发展矛盾突出、资源配置与实际工作匹配不足等问题的路径。

2. 改革举措

（1）管理之变

组建多网融合型业务团队。依托网格化管理服务基础，选取试点单元考虑设备位置、线路走向、地理环境、社区分布等因素，划分确立配网及营销班组网格地图，实现指标任务在图、管理责任到人。组建网格团队横向参与业扩报装、暂停恢复、销户、用户故障出门等复合场景业务，团队内实施"三个联动"（考核联动、薪酬联动、培训联动）激发履职动能，提升协同效能，实现"多网合一、责任一体"的融合管理，并稳步向"多员合一、一网管理"的模式转变。

组建集约服务型专业团队。坚持解放前端、服务客户的理念，组建综合、安监、运营等集约服务型团队，负责分局各业务领域指标管控、任务分解、数据分析、风险识别、策略制订等工作，释放前端团队人力，聚焦现场业务、提升技能水平。组建专项规划团队，集约管理、实体运作、自主规划，实现投资全过程穿透式管控，强化团队在提升投资效益效率、服务区域重大项目、提高项目可研质量等方面的实效。

组建弹性用工型项目团队。向内挖潜，将城中村改造项目按难易程度、工程体量、区域分布等维度划分为12个"任务包＋资源包"，在分局内部"跨域竞标"，组建专业融合、弹性用工的项目团队，实现专业人力间的阶段性互备互补。向外融合，推行"两部融合"合署办公，梳理工作清单、业务流程及人员职责，主业、外委人员搭档配合实现优势互补，解决工作重复、管理真空、人力浪费等问题。

组建边界突破型攻坚团队。组建柔性攻坚"军团"，由"军团长"以"点将"模式在内部自主选择"军团"成员，抽调精兵强将、打破组织边界、快速集结资源、攻坚专项任务。"作战军团"结合揭榜指标任务、考核评价要求等内容，一体化实施、全流程跟进调查研究、方案出具、落地实施、循环改进和总结固化等工作，攻坚结束根据实效兑现激励。

落实"放管服"举措。建立授权放权管理机制。参考原始权责归属、事件重要程度、追责风险评级编制授放权清单，根据各试点单元经营管理和风险识控能力评级授权、渐进授权。建立试点风险管控机制。制订"底线"清单，明确"红线"事项，规避潜在的安全生产、成本管控方面的风险。制订"高线"清单，明确"绿线"事项，指导试点单元主动变革、创造效益。编制失职（失误）追责说明，明确追责范围、期限、方式。运用"四不两直"、访谈调研等方式，建立授权事项执行、行权规范程度周期性汇报机制。

搭建"大安监"体系。发挥"安监＋专业"作用，提高安全督查效能。按照"区局—承包商—战略合作分包商"三级架构联合开展"大安监"工作，强化主业及分包商安全生产主体责任落实，按照"先易后难"的思路，分阶段传递现场作业规范至分包商，切实扭转分包商混乱失序、缺乏规范的自主管理现状，从源头提升作业现场安全管控水平，牢牢守住安全生产底线。

（2）人力之变

建立最优"人力"配置模型。搭建"人力"测算模型，选取关键指标（设备量、售电量、客户数等）、就业学历、员工年龄、外委支撑队伍等维度，测算各部门、各分局"人力"与实际业务匹配情况，根据分析结果优化"人力"配置，解决实际工作中多讲人数少谈"人力"的问题，实现基于现状的"人力"与实际业务匹配的最优配置。

建立复合人才培养机制。打造专注现场的基层技能型队伍。坚持"工作是最好的培养方式"理念，根据核心业务清单组织开展核心能力实践培养，选育一批具备相应资质的本单位核心能力内部认证师，开展"传帮带"和内部资质考评认证。打造专注于改进的基层创新型队伍。依托"轮岗见习—岗位实习—岗位轮换—柔性配置"模式，通过职业导师制、自驱式学习分享、专家工作室、科技项目等平台，帮助员工快速实现技能达标，具备独立完成现场作业以及针对现场问题提出新思路的能力。打造全面发展的复合型队伍。通过日常培训、现场实战、对标交流、柔性配置、岗位轮换等方式培养复合型人才。

建立员工成长激励机制。给具备多领域高级工资质的员工发放津贴，员工每多取得一项其他专业高级工资质证书，就按200元/月发放补贴（有效期暂定三年），并将其纳入具备跨专业、跨领域作业资质的"复合人才库"。确定关键岗位价值系数，充分运用岗位价值模型，评估梳理关键岗位清单，对关键岗位设立1.1～1.5的价值系数。给高素质人才发放一次性津贴。如给获评高级职称或高级技师资格的员工发放一次性奖励金1万元，给取得技师的员工发放一次性奖励金5000元。

落实内部人才流动机制。建立内部人才市场，组织开展职业特质分析、业绩能力画像等，为内部市场化招聘双方提供"双选"建议，促进内设机构间人员合理流动，提供多岗位锻炼机会。

深化市场薪酬分配机制。继续划小分配单元，授权各内设机构、试点单元实施薪酬自主分配。如在配网领域，试点基于线路评价结果、线路故障发生数量、线路故障类型、巡检完成质量等维度的线路主人积分排名，按结果进行绩效分配。如在工程领域，探索基于月度指标排名、工程建设体量、项目实施难度、任务完成结果等维度的量化薪酬调节分配机制。

培养变革思维，打造奋进型组织。广泛发动员工参与改革，持续开展理念培训、经验分享、案例展示、集中讨论系列活动，充分运用营利意识、创新能力、企业发展、竞争视野、奋斗精神、学习成长方面的培训资源，在组织中引入企业思维、植入经营意识、嵌入技术创新，推动"知行南网—犇腾宝安"精神实践落地，引导干部员工提高变革意识，持续打造学习型、奋进型组织，为改革试点提供坚实的思想保障、稳定的群众基础。

（3）数智之变

数字赋能减轻作业负担。推动数字团队建设，以机器替工、智能代人等方式提高生产效率。在中压方面，提升配网自动化三遥节点覆盖率和光纤覆盖率，全覆盖推广程序化操作及无人远控，以高质量自愈实现故障"趋零"感知。推行夜间最小化值班，节约人力资源投入日间业务。在低压方面，部分城中村实现电房及低压分支回路覆盖监测，供电服务向"主动抢修""主动告知"转变。在团队方面，自动化班组扩容为数字团队，兼顾智能机巡、低压智能化终端运维、防外力破坏远程巡检等业务。在管理方面，全面推进实时配电网运行及问题评估系统应用，综合评判故障概率（网架缺陷、运行风险、设备问题）、可靠性高损风险（高用户数）、快速复电能力（配网自动化、自愈能力），"预诊断"可能造成故障和高损事件的线路运行潜在风险并推送提醒，形成网架、运行、设备3类风险通知书，指导精准化立项、巡检。

技术赋能转变工作模式。打造线路安全卫士系统，在中高风险施工点，通过智能标识桩实现现场图像采集、施工智能识别、围挡入侵预警、远程喊话警告等功能，形成外力破坏人机共防模式。推广无人机和电缆沟机器人巡视，利用无人机对线路执行可见光巡视和红外测温，调用智能识别结果生成缺陷工单闭环。采用便携式电缆沟巡检机器人，在高风险电缆沟、出站电缆沟进行电缆接头测温、环境数据监测、电缆红外测温等作业。利用物理场、电磁感应等原理分析电缆接头发热现状，探究配网自动化开关故障及综合治理方案。推进全预装近零碳景观配电站建设，实现预制舱、标准化设备、零碳装备、智能传感器等在工厂内标准化预制生产和集成装配，整站成套交付，缩短传统电房建设工期。对催收风险较高、多次拖欠电费的园区用户和充电桩用户试行智能缴费，对现场符合条件用户采用远程停复电。

创新赋能探索未来路径。针对前海深港现代服务业合作区能量需求密集型园区这一目标群体，以电能替代、氢能替代、碳捕捉及利用和封存技术为工具，探索构建有机融合的零碳园区智慧能源网络建设路径。承接开展新一代智能量测体系示范区建设，在前海新扩范围（宝安）内选点推进智能量测终端、智能集中器及 2021 年版电能表等升级改造，开展宽带载波、双模、电碳计量等示范工程应用。研究用电负荷监测、能耗评估及节能减碳技术，制订应对电网线损和削峰填谷的有序用电与需求响应策略。

（4）策略之变

推行服务优先策略，创建敏捷前台。重塑服务链条，将区域内高低压报装、客户诉求管理等业务统一划归至前台管理，实施"服务一口对外"。充分调研辖区顾客需求，结合"供电服务进社区"模式，为客户提供业扩报装、电能替代、增值服务等方案。全面推行高压业扩报装"一事一群"，建立"四方线上会谈"（客户、施工方、客户经理、项目经理）机制，对业扩全流程进行实时跟踪、进度发布。推广重大项目供电保障专班制，按"一项目一档案"建立台账，整合资源协调解决用电接入重点难点问题。

推行效益提升策略，持续增收降本。聚焦售电量、电费回收率等关键经营指标，建立重大项目推进双周会机制，定期召开供电保障推进会议，对未出具方案或接电受限的研究解决方案并限期督办。建立业扩配套全过程监控、专变欠费大户及园区缴费异常沟通等机制。梳理分析存在提升空间的输配电成本清单，选取对生产经营影响较小且有压降空间的成本项制订管控计划，确保成本预算可控在控。总结分析影响线损的指标要素，跨域支援专家团队及时发现问题线索，加大反窃查漏力度。推行需求侧响应差异化策略。实施行政引导，推动区政府督办责任单位与响应企业对接，对有序用电与需求侧响应联合推动，做好重点用户响应指导，建立"一户一册"，响应发布期间进行驻点指导。

推行规范化管理，强化外委管控。实行项目经理责任制，对外委项目进行全过程管理，缩短生产项目签证周期，杜绝"四虚问题"产生，全面推广"i深电"应用，协同提升外委业务管理质量。根据当前业务现状及本专业核心能力清单，合理安排外委业务，持续提升自主实施业务占比。重点开展配网自动化自主巡检、故障后自主抢修、自主带电作业等3类业务。建立外委项目自主实施激励机制（不含协议明确外委包干的部分项目）。明确电缆头制作、电缆试验激励标准，施行激励递延兑现机制，调动自主实施外委业务的积极性。

推行向上集约策略，推进业务统筹。将物资管理、造价结算等业务集中收回、统一办理。建立物资、结算管理团队，实行专业化分工，实现非现场业务集约管控，解放各项目部使其专注于管控项目进度，管理现场安全，监督施工质量，进一步提升业主项目部工作效率。

推行简化办理策略，降低流程时限。将部分业务由串行办理改为并行办理。如推广快递寄送办理，减少客户"跑腿"次数，即各区域客服前台受理申请后，将扫描件转综合部、工程部同时办理，省去纸质资料递送、协同收文办理时间3～4个工作日。优化报装节点管理。整合制订供电方案、签订供用电合同、竣工检验及资料归档等环节管理职责，整合区域客户服务资源，减小客户往返办理、跨区办理的时间成本。缩小提级审批流程范围，涵盖业务类型压减为2个，对高压增容等业务实施备案办理制。

推行标准指导策略，规范现场作业。成立精益化运维团队，制订"配网运维关键时节表"，将配网生产运行的安全隐患整治、防风防汛、巡检消、保供电及修理技改等关键任务，根据全年时间节点分解，形成月度管控图。团队下设电缆组、自动化组、低压组，深化缺陷专业分析，举一反三、总结回顾，编制巡视检修标准和策略。利用配网自动化终端捕捉瞬时性故障、间歇性放电故障等持续时间短或故障电流小的信号指导差异化运维，制订差异化运维策略，提升巡检效率。基于配网基建工程典型场景，梳理提炼国家及行业规范要求，承接公司最新管理要求，设计安全文明施工目视化管理标准图册，严控施工现场作业风险，提高施工质量，规范施工行为，降低事故风险，提升客户满意度。协同区政府推动城中村空间规划及电力规划落地，科学制订"一村一策"改造方案，立足长远解决城中村供用电安全隐患等问题，全面总结整治经验做法及工作成效，建立健全城中村管理制度，编制相关工作指引，形成长效工作机制。

3. 改革成效

2023 年，宝安供电局深入推进基层生产经营责任制改革，通过模式变革、机制优化、业务精简、作业规范、装备革新、人才培养等举措持续强动力、提效率、增活力，生产经营关键绩效指标明显提升：全年售电量达 269.98 亿千瓦时，同比增长 3.74%；低压客户平均停电时间 7.81 分钟 / 户，同比下降 60.75%；中压客户平均停电时间 8.52 分钟 / 户，同比下降 61.86%；当年电费回收率达 99.998%，超出挑战值目标 0.003 个百分点；综合线损率 1.39%，优于挑战值目标 0.11 个百分点，折合节约线损成本约 1873 万元，其中日线损合格率 97.76%；人均价值贡献值同比提升 2.1%。

（五）龙华供电局典型实践案例

1. 改革思路

立足行业趋势、地域特点、南网特色，以"特征网格"为单元，推动电力发展"十四五"规划在龙华分层分类精准敏捷落地，为经济社会高质量发展贡献新的更大力量。在重点区域、关键领域、核心业务上加大改革创新和资源投入力度，深化与职能部门改革联动，争取更大改革支持，进一步解放和发展生产力，提升员工核心能力、工作效能。在各网格片区内组建"客户经理＋项目经理＋规划专员"三位一体柔性团队，开展"竞争上岗＋任期管理"，搭建综合性人才"练兵场"，激发人才"共生效应"，提高劳动生产率。

2. 改革举措

（1）划小"四个特征地域板块"

将民治街道作为改革试点区域。民治街道位于深圳中轴线上，为五区交会之处，是深圳市两个"特区一体化先行示范区"之一、龙华区的"窗口"，深圳北站就位于该街道内。该街道公变数量在各街道中最多（占比31.2%），电网设备整体运维强度较大。根据街道内中央商务区、高端住宅区、老旧城区各自的特点开展"特征网格分片包干"，探索适应各类典型片区的客户服务模式、设备运维模式、网架规划模式和电网建设模式及员工培养模式。分析总结民治区域试点经验，将辖区内大浪、龙华、福城、观澜、观湖5个街道同步划分为龙大、九龙山、观澜湖三大区域，根据区域发展定位、客户特点、电网现状、负荷特性、项目情况等实行"网格业务包干制"，划小单元运作，串联"点—线—面—体"，实现全域强基固本、提质增效。

（2）利用"社区网格"打造"综合服务"

将原来配电、营销、工程、综合、党建、安全六大领域中的规划设计、配电运维、低压运维、电费计量、用电检查、工程项目全过程管理、安全管理监督等57项核心工作压缩融合至35项，由专业骨干组成柔性资源团队，负责各自专业内生产经营工作指导和跨专业技能培训，形成既有运动员又有裁判员的集成化管理方式。

"网格＋管理"——梳理、简化、创新各项业务流程，制定统一的评价激励标准，形成扁平化管理。各网格片区分别成立"三位一体"柔性团队，对接项目业扩、物资等全流程服务节点，并强化"客户经理"的"流程经理"角色，拉通全流程需求。以业扩配套设备验收为例，原需3组共6名班员分专业验收，人员统筹困难、验收耗时长、送电进度慢。业务融合后，由3名成员即可开展验收工作。柔性团队充分考虑员工年龄及各专业冗员缺员现状，通过"青年骨干牵头承担核心业务＋大龄员工搭配辅助"的模式，青年以"专工＋员工"双重身份开展工作。建立各区域内部治理机制，分类审议计划、考核等重要事项。分领域制订实施"1+N"跨专业培训方案，打造"一专多能"型人才。四级人员和资深骨干分别与网格柔性团队青年员工签订"双师徒"协议，培养综合管理思维、定向提升业务技能。深化"龙舞华章"创新工作室运作，搭建四个创新小组，实施科创项目和日常微创新、微改善，加大成果应用和对标交流力度。采用"项目挂点制"开展锻炼和培养，持续鼓励专项项目"揭榜"，通过"竞标"完成全过程任务，提升员工成就感、获得感。实行人才成长全过程跟踪培养，定期开展述职考评，建立"人才画像"和"一人一策"培养机制，持续跟踪关注在"急难险重"任务中表现突出的员工，及时将其纳入后备人才库，结合专业认定和群众测评，进一步遴选到综合片区班长、区域经理等岗位任用。围绕学习、业绩、攻坚、成长、作风等5个维度，制订党员先锋行动计划，开展党员"一带二"活动，通过党员与群众"结对子"，建立"互督互促互进"责任区。应用新技术、新模式持续提升生产效率。组建内部安全督查大队，分设14个督查小组，每日灵活发布督查计划，开展"线上＋线下"全覆盖、全天候、立体式督查3600余次，建立安全督查"红黑榜"奖惩机制和员工个人安全信息档案。编制典型违章案例教材，推动以案促改。延伸"等同管理"，对8家网格驻点施工单位自主开展电力设备登高作业上岗考评，提升现场作业安全水平。

"网格＋资源"——提升包干经营主观能动性，运用"网格"管理使资源精准配置。区域经理牵头监控投资、电量、成本等关键经营指标，做好预算、执行及分析。在各区域内深化运规协同，围绕7个提升目标（提升网架结构水平、提升负荷供应能力、提升供电安全水平、提升电能质量、提升智能化水平、提升星级网格水平、提升装备技术水平），推动"4类"衔接（主网与配网规划充分衔接，一次网架完善与配网自动化、光纤通信网络充分衔接，低压台区改造与智能化提升、营销项目充分衔接，配电网规划与城市土地利用、综合管廊、电力专项规划、能源发展规划充分衔接），使投资更加精准、规划更加长效合理，网格柔性团队定期对辖区关键设备负荷特性、释放特性等进行巡视分析和需求预测，动态上报调整规划。精细量化工程项目二级进度计划，通过开工、完工、结算"一张表"工作机制，形成"年—季—月—周"四个维度的分级目标，做好过程督办纠偏，科学配置施工资源，做到定量精确，准确执行。编制物资内部管理工作指引，柔性团队项目经理紧抓关键环节，建立"五个一"工作机制（在建项目材料清册一张表、物资申购流程总清单一张表、在建项目物资收货信息一张表、工程余料处置计划一张表、拆旧物资处置清单一张表），制定具体操作及处罚标准。从全局层面制订供电质量提升工作图及年度可靠性提升重点建设项目清单，形成用户故障出门、工程计划停电、配网故障、配网自动化、不停电作业"1+5"管控机制。网格柔性团队依托规划"数智大脑"，实时诊断各片区负载情况，进行台区画像、公线画像，为电网规划提供参考依据。加强"主动感知、主动抢修、主动推送"新型停复电服务场景建设，分区推动配网透明化改造。推动网格设备管理全流程贯通及透明化管理，建立并滚动更新设备主人档案，授权设备主人负责设备入网验收、巡视、消缺、配基项目、退役等设备全生命周期各环节的工作。

"网格＋服务"——应用"契合化"理论，全面深入做好对用户需求的了解和把握。持续精简优化服务流程，提升客户满意度。建立优化业扩"一张图"管控模型，柔性团队客户经理提前对接网格内重大项目，开展负荷预测并初步拟订接入方案，加强报装进度监督，现场上传勘查情况，现场完成物资上报，推动实现与客户"最多接触一次"。锁定四大重点领域，分析研判电能替代目标群体，建立行业画像，柔性团队客户经理跟进电能替代项目的报装、设计施工、投运等全部环节。制订光伏业务工作指引，明确时限要求、系统录入要求，统筹计量物资调配，提升各流程办理效率，实现从并网到电费结付规范高效透明的全过程服务。构建网格运行指挥中心运作模式，多渠道做好工单拦截处置，建立1小时联系、2小时超时预控、投诉升级预控机制，通过专人一跟到底、分级催办等方式提升客户问题处理质量，做到"一口收分审"，确保工单有效闭环。

3. 改革成效

形成人才储备"一张网"——成功培育了"客户经理+项目经理+规划专员"三位一体人才。2023年深圳供电局配网规划"百名专才"考核中，龙华供电局团队成绩排在首位，个人成绩均进入前十并包揽前三；青年中、高级作业员通过率首次实现100%；创新小组成员应用TRIZ创新方法和FMEA原则缩短了客户平均停电时间，获全国现场管理改进成果发表赛"专业级"评价和深圳市创新与质量技术成果竞赛银奖。

形成综合服务"一张网"——通过深化应用供应链服务产品，完成深圳供电局首单"电贷易"电费融资业务，普惠金融合同额累计达到3997.28万元，为企业经营增效益。揭榜建设公司内部绿色低碳标杆示范供电局，已完成292个分布式光伏项目建设，并网容量11.8万千瓦，位于全市第一；完成电能替代电量4.18亿千瓦时，任务完成率为158%。在民治区域，深圳北站打造综合交通枢纽配套建筑近零碳排放试点，提前15日完成并网，年发电量达297万度，降碳率为40%；在观澜湖区域，主动促成华睿丰盛与富士胶片公司正式签署屋顶分布式光伏发电项目，预计首年发电量达196万度，可替代240吨标准煤，相当于种树3.8万棵，助力龙华区打造深圳市绿色智慧能源综合高效利用示范区。对网格内89个大负荷城中村开展"扫楼行动"，派发"电管家"卡片，打通供电服务"最后一公里"；应用直流试送仪比电子摇表缩短故障复电时间18分钟；首次采用低压无感投退发电车进行发电，供电质量进一步提升。2023年客户平均停电时间为8.89分钟，预计可提前2年实现年均停电时间10分钟以内的目标。

五、小结

总体来看，基层组织生产经营责任制改革以解放和发展生产力为出发点，以提升基层活力、效率、效益为落脚点，以内部模拟包干落实经营主体责任、充分授权放权调动积极性主动性创造性为切入点，以鼓励和支持基层开展组织模式、制度机制、业务流程、作业标准、技术装备、人才培养等方面的创新为着力点，以超额贡献分享为激励手段，在一线生产经营单元构建坚强的权责利体系，大胆破除不必要的束缚约束，大力实施市场化经营管理，提升基层全要素生产率，降低劳动强度，提高安全质量，推动高质量发展。与传统基层供电企业的生产经营模式相比，主要取得以下成效。

一是将全员契约化管理从个体延伸到组织，借鉴责任制改革方法，在供电企业划小单元授权经营，激发基层组织的内生动力，解放了生产力。

二是破除了传统供电企业的体制机制束缚，改变了职能部门与基层的关系，在管理机制、组织模式、制度流程等方面探索创新，优化了生产关系。

三是顶层设计与基层首创相结合，鼓励基层大胆探索生产经营新模式，为研究未来基层供电企业组织模式提供了实践经验。

第六章

全员新型经营责任制的实施成效

第一节　推动企业管理创新

全员新型责任制和契约化管理工作在契约理念、权责界定、考核模式、指标设置、贡献评估和结果应用六个方面取得了管理创新成效，具体如下。

1. 管理理念"新"，强化全员契约，以上率下、全员覆盖

为全面提升各级干部员工业绩考核的系统性，按照契约化管理、差异化薪酬的原则，将经理层成员任期制和契约化管理机制进行横向拓宽和纵向延伸，覆盖各类业务领域，覆盖各个岗位层级。明确具备挑战性、前瞻性的业绩目标，并严格规范考核，确保契约化管理的刚性约束，发挥考核对业绩的牵引作用，突出契约化管理和业绩牵引理念。自 2021 年以来，深圳供电局持续推动全员签订契约，有效激发员工主动性、创造性，实现员工个人价值与企业效率效益双提升，2023 年公司全员劳动生产率为 277.4 万元 /（人·年）（全口径用工），达到供电行业平均水平的 3 倍以上。

2. 权责界定"新"，细化激励约束，明确责权利边界

通过"一协议两书"（岗位聘任 / 任职协议、岗位说明书、业绩责任书）确定岗位任职标准与权责边界，细化业绩责任目标，明确职权与义务，规定福利待遇与退出条件。将责任显性化，做到可衡量、可操作，实现以责定权，以责定利，责权相称和责利相称。打造 5 类人员"一套契约范本"，包含董事长、经理层成员、党组织专职副书记、专职董事监事、部门正职等各岗位契约范本。

3. 考核模式"新"，体现差异评价，加强业绩的量化考评和结果应用

业绩考核聚焦价值贡献，客观量化个人业绩表现，综合考评通过多维度民主评价党建责任、素质能力、作风纪律等内容。两类考评体系既各自独立发挥优势，又有效衔接，形成相辅相成、相互促进的关系，既解决了原有的多类考核模式的管理对象重叠、边界不清的"两张皮"问题，又很好地解决了"轮流坐庄"问题。

4. 指标设置"新"，突出牵引作用，科学合理设置契约目标

在指标设置及分解过程中，坚持"五个不低于，一个赶超"的要求，明确每项指标评分标准，增加线性评分标准的设置，确保指标能根据实际完成情况计算得分，最大程度降低人为主观因素对指标考核结果的影响，同时注重年度和任期经营业绩考核目标的有效衔接，注重正职和副职的考核差异，解决了以往指标评分规则难以拉开差距、重要指标难分解、指标得分较难横向比较等难题。2022 年，深圳供电局本级（含所属三级单位穿透考核）改革责任状指标全部达到挑战值，各"双百"指标均有明显提升。

5. 贡献评估"新"，体现岗位价值，试点岗位价值评估体系

聚焦影响力、沟通难度、解决问题能力、任职条件、风险大小等五个维度，构建岗位价值评估模型，从经理层成员开始推行岗位价值评估，与薪酬直接关联。从源头打破平均主义，促进人才向价值高的岗位流动。如公司总经理岗位系数为 1.1，分管新兴业务和财务副总经理岗位系数为 1.05，分管科技创新及法规业务副总经理岗位系数为 1，仅从岗位系数出发，即可拉开 10% 的薪酬差距，真正体现岗位间的价值差异。

6. 结果应用"新"，实现多维精准，激励与约束并重

坚持业绩导向，转变薪酬确定模式，在原有"同岗同酬"基础上，深化

为"同绩同酬"，坚持"一个挂钩、一个脱钩"刚性兑现薪酬（业绩与薪酬直接 100% 挂钩、定性评价与薪酬的强关联脱钩）模式，实现高业绩匹配高激励。同时，在契约中明确岗位退出情形（针对管理人员，明确"双 70""双 80""双末位"等五种退出情形；针对普通员工，明确"双 60""双 70"及岗位胜任力退出等六种退出情形），考核结果既影响收入的"能增能减"，也影响职务（岗位）的"能上能下"，推动岗位退出更坚决、更刚性。

第二节　完善市场化经营机制

市场化经营机制的核心要素包括灵活的市场反应能力、高效的资源配置效率、合理的激励机制以及完善的风险管理体系；改革目标是建立与现代企业制度相适应的市场化经营机制，提升企业运营效率和市场竞争力，实现可持续发展。

深圳供电局按照"实践—总结—改进—巩固"的策略，全面推进市场化经营机制的完善工作。首先，制订了一系列改革方案，明确了市场化经营机制改革的总体思路、具体目标和落地举措，涵盖组织架构优化、业务流程再造、人力资源配置、薪酬激励改革等多个方面。通过组织架构优化，建立了更加扁平化、更加灵活高效的管理体系；通过业务流程再造，实现了业务流程的标准化、规范化和信息化；通过人力资源配置改革，实现了人力资源的优化配置和高效利用；通过薪酬激励改革，建立了与业绩挂钩的薪酬激励机制，激发了员工的积极性和创造力。2023 年，深圳供电局本级经理层成员收入差距倍数上升至 1.87，全年竞争上岗员工比例达到 31.2%，员工市场化退出率达到 2.84%。

同时，深圳供电局注重固化改革成果，将行之有效的改革措施上升为制度规范，累计制订市场化经营机制改革方案 100 余个，固化了全员新型经营责任制相关制度 7 项，构建了完整的制度体系。这些制度的建立和实施，不仅推动公司市场化经营机制"从有形到有神"，也为国企改革深化提升行动打牢了制度基础，积累了实践经验。

第三节　三项制度改革取得突破

2021年以来，深圳供电局以"牛鼻子"带动基本面，以全员新型经营责任制联动干部能上能下、员工能进能出和薪酬能增能减机制，三项制度改革各项管控指标显著提升，让"干部能下、员工能出、薪酬能减"成为常态。

具体而言，干部能上能下机制通过公开竞聘、任期制管理等方式，打破了干部职务终身制，实现了干部队伍的优胜劣汰和动态调整；员工能进能出机制则通过市场化招聘、劳动合同管理等方式，优化了员工队伍结构，增强了企业的用人自主权；薪酬能增能减机制则建立了与业绩挂钩的薪酬体系，实现了薪酬与贡献的紧密挂钩，激发了员工的积极性和创造力。

在实施过程中，深圳供电局始终坚持公开、公平、公正原则，通过制订详细的实施方案和操作规程，明确改革步骤和时间节点，持续提升改革的规范性和可操作性，确保三项制度改革顺利推进。同时，用好各种途径强化改革宣传培训，引导各级员工强化岗位意识、权责意识及市场化意识，推动全员契约化理念深入人心。

在员工活力方面，通过引入竞争机制如公开竞聘、任期制等，打破了传统铁饭碗观念，使员工职业发展通道更加畅通。数据显示，自实施改革以来，员工主动提升自身技能与知识的比例大幅提升，工作效率和质量也有了显著改善。这充分证明员工在更加公平的竞争环境中，工作积极性和创造性都能得到有效激发。

在企业经营效率方面，通过建立全员新型经营责任制，推动全员责任传递更加顺畅，有效激发各级员工的责任主体意识，推动公司发展，质量效益持续提升。2023 年，公司售电量 1064 亿千瓦时，同比增长 4.7%；营业收入再创新高，同比增长 8%；连续六年获得经营业绩和党建工作双 "A" 评级。

第四节 人才的活力动力得到显著增强

随着全员新型经营责任制的深入实施，各级干部员工的活力动力显著增强。责权利对等的管理模式有效激发了各级干部员工的责任主体意识。

员工的技能提升和专业素养有所增强。以宝龙片区为例，在 "赋能—授权" 式用工模式、"薪酬激励 + 轮值岗位 + 荣誉体系" 多样化激励包、"工作称重体系" 量化分配的激励机制下，员工实现了多劳多得，主人翁意识明显增强，获得感也显著提升。他们人人争做 "多面手"，通过提升技能水平、抢挑担子来赚取薪酬和获得晋升。2022 年，该片区 33 人中有 3 人通过技师资格考试、9 人获得多专业岗位胜任能力，这一数据充分证明了员工在新型经营责任制下的成长和进步。

员工的责任意识和自我约束能力得以加强。通过引入契约化管理，每位员工都对自己的工作目标和责任有了更清晰的认识，这不仅增强了他们的责任感和自我约束能力，也有效提升了团队的协作效率和工作质量。同时，全员新型经营责任制赋予员工更多的自主权和决策权，使他们能够更直接地参与企业的经营管理，这种参与感和归属感极大地提高了员工的工作积极性和责任感。改革实施以来，全员主动谋求创新变革，各职能部门指导基层制订实施 200 余项改革举措；基层员工主动建言献策，形成优化业务流程、完善制度机制的工作建议 58 项；员工对改革的感知度、认可度持续提升，2023 年达到 97.12%；员工主动承担工作任务的比例提高了近 30%。

员工的竞争意识、契约意识和全员经营理念有所提升。全员新型经营责任制的实施，让员工更加直接地感受到市场竞争的压力和机遇，从而激发了他们的竞争意识和创新意识。通过将过去"事后综合评价"的绩效评价方式迭代升级为"有言在先、刚性兑现"的契约化管理模式，有效激发了各级干部员工的责任主体意识，促进员工实现了从"要我干"到"我要干"再到"我要想办法干好"的转变。

此外，员工对企业的归属感和认同感得到了显著提升。通过实践全员新型经营责任制，每位员工都深刻地感受到了公司对他们的信任和重视，这不仅增强了员工的归属感，也提升了其工作幸福感和满意度，从而使他们更加愿意为公司的发展贡献自己的力量。

第五节　品牌效应持续扩大

在全员新型经营责任制的探索实践中，深圳供电局的品牌效应持续扩大。

一是改革成果得到了上级单位的高度认可。2022年，深圳供电局推行市场化经营机制的实践举措入选国务院国资委"能上能下""能进能出"30个微案例；2023年，经南方电网公司推荐，并受国资委改革办邀请录制"实施全员新型经营责任制，激发传统行业企业新活力——南方电网深圳供电局探索实践"视频课件，目前已上线国企学习网络学院平台，面向国企高管开展经验分享；"南方电网深圳供电局探索构建供电企业基层生产经营责任制"改革案例获国务院国资委"国有企业改革深化提升行动简报"专刊刊发。此外，南方电网公司平台还专题报道全员新型责任制及契约化管理机制等亮点做法17篇次。

二是改革经验获行业内外广泛认可。深圳供电局改革相关实践案例获中电联2023年度电力创新奖管理类二等奖，并得到人民网、《经济日报》、《中国电力报》、《中国能源报》等主流新闻媒体的广泛报道，品牌效应持续扩大，社会影响力和核心竞争力不断增强，《中国能源报》对深圳供电局探索构建全员新型经营责任制的报道见图6–1。

图6–1 《中国能源报》对深圳供电局探索构建全员新型经营责任制的报道

第七章

全员新型经营责任制的实践总结

第一节　构建全员新型经营责任制的实践要点

一、坚持自上而下与自下而上相结合，充分凝聚改革合力

集团总部高度重视、高位推动。南方电网公司主要领导亲自把关定向、部署重点工作。集团总部相关部门深入调查研究、强化顶层设计，制订实施全员新型经营责任制工作方案，要求围绕"落实公司战略、压实全员责任、推动价值创造"目标，加快推动改革从"指标牵引"向"责任牵引"转变。

坚持工具理性，实施管理创新。借鉴美世岗位价值评估法和模拟分权组织结构、超额利润分享等方面的先进管理工具，结合企业实际进行优化创新，应用于全员新型经营责任制改革实践。创新建立"职能—基层"改革联合体制机制，形成上下联动、齐抓共管的新格局，统筹推动各项改革举措落地落实。

鼓励基层探索，激发基层活力。深圳供电局先行先试，率先将责任制改革方法从个体延伸到组织层面，划小生产经营单元，充分授权放权，以内部模拟分权落实经营主体责任，以超额利润分享机制调动员工积极性、主动性、创造性，鼓励基层探索符合实际的改革模式和改革举措。

二、构建全员覆盖、责任贯通、经营为要的新型责任体系

实施契约全员覆盖。坚持以上率下，在经理层成员任期制和契约化管理的基础上，分类实施全员契约化管理，覆盖生产、营销、党建、工会等所有业务人员，实现人人签契约、人人扛指标、人人背任务、人人有压力、人人有动力。

实现责任上下贯通。构建横向到边、纵向到底、责任到人的责任网络，明确各层级、各岗位的责任框架和来源，建立公司总体指标库供各岗位制订契约之用，通过完善指标分解及指标"摸高"机制，强化授权到岗，确保责任上下贯通落实。

突出经营业绩导向。以业绩和价值为导向，在责任评价中更加注重员工业绩贡献，业绩考核结果刚性兑现薪酬，并与岗位"能上能下"挂钩，真正体现"干多干少不一样"，促使人人都做经营者、人人都讲价值创造。

三、营造全员善经营、谋发展、求共赢的良好氛围

增强自主经营、追求效益的经营意识。全面实施全员新型经营责任制后，广大员工更加清楚自己的"一亩三分地"，会主动围绕价值创造积极探索效益提升"金点子"，实现了从"要我干"到"我要干"再到"我要想办法干好"的转变。

营造自我提升、主动成才的积极向上的氛围。在动真碰硬的刚性差异评价兑现体系下，"躺平不可能""躺赢不可取"的观念深入人心，员工主动学习提升，积极考取多个岗位胜任力资格，"一岗多能"人才不断涌现，员工履职尽责能力持续提升。

树立价值共创、增量共享的共赢理念。员工薪酬与组织经营业绩、社会责任强关联，业绩考核压力和超额激励动力传导至每一位员工，有效推动员工主动与企业、客户和社会利益协调统一，实现个体和组织共同成长，更好地为客户创造价值。

第二节　构建全员新型经营责任制的经验总结

一、坚持以习近平总书记的系列重要论述为根本遵循

习近平总书记关于全面深化改革的系列重要论述，应时代之变迁、领时代之先声、立时代之潮头，具有重大的理论意义、实践意义和时代意义，是推动改革取得新突破的根本遵循。党的十八大以来，习近平总书记站在党和国家事业发展全局的战略高度，针对国有企业改革发展发表一系列重要讲话、作出一系列重要指示批示，用一系列相互联系、相互贯通的重大理论创新和科学判断，深刻阐明了新时代为什么要做强做优做大国有企业、怎样做强做优做大国有企业这个重大的时代命题，为深入推进新时代国有企业改革发展提供了强大思想武器和科学行动指南。改革越向纵深推进，越要深入学习贯彻习近平总书记的系列重要论述，牢牢把握改革的总目标、方向、原则方法、重点任务，在重点领域和关键环节中攻坚突破。推进全员新型经营责任制改革，就是南方电网深圳供电局的一次重要探索。

二、坚持人民立场是出发点和落脚点

坚持人民立场，把维护广大职工利益、解决职工群众急难愁盼问题作为出发点和落脚点，是推动改革取得新突破的关键所在。广大职工关心什么、期盼什么，改革就要抓住什么、推进什么。我们深刻认识到，只有将激发活力、提高效率、增加效益与薪酬待遇、职业发展、才华施展等涉及职工群众切身利益的问题结合起来，与广大职工共享改革成果，才能充分调动大家主动改革、拥

护改革的积极性；做到思想上同心、目标上同向、行动上同步，才能获得员工、企业、客户和社会利益的统一。员工感受到了成效，就能汇聚起改革发展的最大合力。全员新型经营责任制改革从出发点到落脚点，都严格遵循了这些原则。

三、坚持以理论指导实践是推动改革的核心方法

坚持以理论指导实践，在实践中深化对商业二类国有企业改革的共性规律性认识，是推动改革取得新突破的核心方法。作为自然垄断行业传统商业二类企业，深圳供电局通过"三个阶段"持续深化改革实践，在探索推进中不断深化对国有企业改革工作共性及规律性的认识，边实践、边总结、边深化，逐步构建适合商业二类国有企业的中国特色现代企业制度下的全员新型经营责任制体系。

四、综合施策是推动改革的重要保障

改革要综合施策、系统推进，成果要制度化，这是推动改革取得新突破的重要保障。必须深刻认识到，既要运用系统思维统筹谋划推进改革，发挥改革最大效能，又要及时将各项好的改革举措制度化、规范化、长效化，巩固深化改革成果，确保改革红利不断释放，使改革成为支撑高质量发展的不竭动力。全员新型经营责任制改革能够取得积极成效，也得益于其综合性改革的基本特点和始终坚持制度化的实施要求。

"犯其至难而图其至远"，向最难之处攻坚，追求最远大的目标。深圳供电局将坚持以习近平新时代中国特色社会主义思想为指导，按照国务院国资委和南方电网公司部署，以提高核心竞争力、增强核心功能为重点，落实好新一轮改革深化提升行动，加快建设充满活力的现代企业，打造商业二类国有企业市场化改革典型样板，努力走前列、当尖兵、作示范。

第八章

展　望

总体来看，深圳供电局在探索实践全员新型经营责任制中取得了丰硕成果，验证了改革策划的前瞻性、理论方法的先进性和举措落地的可行性，也坚定了我们持续深化全员新型经营责任制改革的决心。

2024年，国企改革深化提升行动迎来全面推进的关键之年，党中央、国务院国资委要求各地、各中央企业和地方国有企业以时不我待、只争朝夕的精神，全力推进各项改革任务。具体而言，一是要大力推进功能性改革，加大国企战略性重组和专业化整合力度，在更大范围、更深层次推进国有资本优化配置；二是要进一步巩固制度性改革成果，紧紧围绕激发活力、提高效率，推动体制机制改革任务形神兼备、更广更深落实；三是持续完善改革推进机制，加大改革统筹推进力度，以钉钉子精神抓紧抓实各项重点任务，务求在重点领域取得更大的突破，力争于2024年底完成新一轮国企改革行动70%以上主体任务。

面向未来，深圳供电局将坚持以习近平新时代中国特色社会主义思想为指导，按照国务院国资委和南方电网公司部署，积极贯彻落实好新一轮改革深化提升行动各项任务要求，以提高核心竞争力、增强核心功能为重点，以全员新型经营责任制作为推动三项制度改革走深走实、健全市场化经营机制的主线抓手，推动其与企业治理、运营管理、技术创新、人才培养等各个关键管理环节有机融合，更大力度授权基层破除体制机制障碍、更大力度激励员工创新创效，打造商业二类企业市场化改革典型样板，努力为商业二类企业改革提供更多"南网经验"和"深供样板"。

在全员契约化管理方面，聚焦两头抓深化、提质量。在一线强化基层创新和示范引领，推动全员契约化管理基层实践标杆创建，打造更符合基层实际、更具标杆示范效应的基层实践案例，有效激发一线干部职工探索创新的积极性。在经理层持续提升成员任期制和契约化管理质量，强化契约目标的科学性、精准性、挑战性和契约的刚性考核、刚性兑现，探索更多元化、个性化的薪酬福利和职业发展路径。通过在实践中不断打磨完善体制机制，培养一支具有高度责任感、创新力和执行力的专业人才队伍。

基层生产经营责任制改革的核心在于试点成果的全面转化和以深层次组织结构优化调整实现生产关系变革。全面总结提炼基层生产经营责任制改革的成果，输出可复制、可推广的范本案例，通过"点""层""面"的改革案例逐步带动"线""面""体"整体的改革和提升。瞄准提升组织效率效益、推动高质量发展的目标，围绕质量变革、效率变革、动力变革，从组织管理的角度深化改革工作，探索组织结构和配套机制层面的生产关系变革，提升能力建设，推动制度流程优化，最大限度激发基层业务单元的活力动力，自下而上积蓄改革动能，服务公司创建世界一流企业的发展战略。

站在新的历史起点上，深圳供电局将始终铭记身为"国之大者"的功能使命，坚持创新驱动发展战略，充分利用自身资源禀赋，不断挑战更高目标，力求在责任落实中显担当，在激发活力中求突破，在价值创造中谋发展，为我国电力事业的繁荣昌盛及社会主义现代化强国建设贡献力量。

参考文献

［1］企观国资.1990 年代初承包制为何终止了（国企简史之十八）［R］.
（2021-05-23）.https：//mp.weixin.qq.com/s/XQTJjUycNQ7eRBbJek9YBw.

［2］黄华.试论中国特色现代国有企业制度建设的理论基础［J］.改革与战略，
2022，38（5）：55-66.

［3］剧锦文.改革开放 40 年国有企业所有权改革探索及其成效［J］.改革，2018
（6）：38-48.

［4］花亿林.基于需求理论的国有企业人员激励体系建设［J］.商场现代化，2024
（3）：83-85.

［5］廖娉.北汽某分公司全员经营管理模式构建研究［D］.广西师范大学，2021.

［6］吴丹璐.宝武刀刃向内构建新型经营责任制［N］.解放日报，2023-11-23.

［7］深化三项制度改革构建新型经营责任制［J］.国资报告，2023（9）：49-52.

［8］田涛.理念·制度·人：华为组织与文化的底层逻辑［M］.北京：中信出版集
团，2020.

［9］王能民，王梦丹，任贺松，等.海尔人单合一模式：基于数据驱动的大规模定制
［J］.工业工程，2022（1）：1-10+27.

［10］甘卓霞.国有企业阿米巴经营的实施路径研究——基于全生命周期视角［J］.
财会通讯，2021（22）：103-108.

［11］韩克永.国有企业功能分类改革与市场化分配模式探讨［J］.现代商业，2022
（26）：78-81.

［12］王秀云，叶其楚.新时代国有企业分类改革存在的问题及对策研究［J］.国有
资产管理，2022（8）：16-21.

［13］张鹏，侯庆峰，张自然，等.新时代国有企业改革成效、难点与重点［J］.中
国西部，2023（1）：1-10.

［14］朱春辉．我国国有企业管理层薪酬激励研究［D］.西南财经大学，2020.

［15］武鹏．国有企业任期制契约化管理改革的推进历程与完善建议［J］.理论刊，2022（6）：150-158.

［16］卢博．基于差异分析的国有企业经理层任期制和契约化管理策略研究［J］.中国煤炭工业，2023（9）：79-81.

［17］翟正国，周慧．新时代国企改革的理论逻辑实践探索和深化路径［J］.现代企业，2023（11）：107-109.

［18］陈珊珊．国有企业市场化改革中经营管理模式的创新研究［J］.全国流通经济，2023（11）：53-56.

［19］黄茂兴，唐杰．改革开放40年我国国有企业改革的回顾与展望［J］.经济研究参考，2019（12）：112-118.

［20］林建飞．国有企业市场化经营管理创新策略［J］.财讯，2023（24）：83-85.

［21］吴敏，曾铮．近年我国国企改革的进展、问题及未来面临的新形势［J］.中国经贸导刊，2020（9）：29-31.

［22］李文成．承包与租赁的区别［J］.轻工机械，2005（2）.

［23］李锦．国企改革进入"核心竞争力""核心功能"新阶段［J］.现代国企研究，2023（8）.

［24］金琳．用好市场化分配机制 构建新型经营责任制［J］.上海国资，2024（5）.

［25］赵艳琳．目标管理［J］.科学大观园，2013（10）.

［26］聂辉华．契约理论的起源、发展和分歧［J］.经济社会体制比较，2017（1）.

［27］刘丽靓．新一轮国企改革深化提升奏响奋进曲［N］.中国证券报，2024-02-29.

［28］朱琦琦．提升核心竞争力［J］.国企管理，2021（13）.

［29］于贵华．能力有多大 舞台就有多大［N］.中国商报，2022-10-25.

［30］王轶辰．国家电网公司：打出开源节流提质增效"组合拳"［N］.经济日报，2020-05-13.

［31］郝鹏．深入实施国企改革三年行动 推动国资国企高质量发展［J］.企业观察家，2021（1）.

|后 记|

　　构建新型经营责任制是新形势下深化国资国企改革、完善中国特色现代企业制度的重要方向，也是提升国有企业核心竞争力、实现高质量发展的重要手段。近年来，南方电网深圳供电局坚持以习近平新时代中国特色社会主义思想为指导，全面贯彻落实国企改革深化提升行动关于构建新型经营责任制的工作部署，积极构建全员覆盖、责任贯通、经营为要的全员新型经营责任制，有效激发了广大职工的活力与动力，大幅提升了企业价值创造能力。为进一步推广全员新型经营责任制实践经验，深化案例应用，公司组织编写了本书。

　　本书的编写工作自 2023 年 8 月启动，在广泛研读梳理有关资料文件、紧密结合公司具体实践的基础上，经过近半年严谨细致的编撰、遴选、申报、整理、内外部评审、编审、校核；经过出版社编辑的辛苦工作，现予付梓。本书包含 2 篇 8 章，基本涵盖了公司在构建全员新型经营责任制过程中全部的理论研究与实践内容。本书在编写过程中得到了公司各部门、所属各基层单位的有力支持和配合，是公司各层级干部员工共同努力的成果。

　　书中如有疏漏和不足之处，恳请读者批评指正。

编　者

2024 年 6 月